MARCO POLO

Reisen mit **Insider Tipps**

USA WEST

KANADA

Washington

Oregon

Montana

Idaho

Wyoming

Nevada

USA-West

Utah

San Francisco

Kalifornien

Los Angeles

Arizona

New Mexico

North Dakota

South Dakota

Nebraska

Colorado

Kansas

Oklahoma

Texas

Minnesota

Iowa

Missouri

Arkansas

Wisconsin

Michigan

Illinois

Indiana

Kentucky

Tennessee

Alabama

Mississippi

Louisiana

PAZIFISCHER OZEAN

MEXIKO

Golf von Mexiko

MARCO POLO Autor
Karl Teuschl

Der auf Amerika spezialisierte Autor und Filmemacher ist stets im Westen Amerikas unterwegs auf der Suche nach aktuellen Themen. Er hat in Los Angeles studiert und lebt heute als Nordamerika-Korrespondent von GEO-Saison in München und Vancouver. „Faszinierend finde ich die Dynamik der Region, die Pionierzeit liegt ja kaum 100 Jahre zurück. Ständig entsteht Neues, entwickeln sich spannende und wegweisende Trends."

www.marcopolo.de/usa-west

Die besten Insider-Tipps → S. 4

INSIDER TIPP

Best of ... → S. 6

Kalifornien → S. 32

Der Nordwesten → S. 44

SYMBOLE

INSIDER TIPP	Insider-Tipp
★	Highlight
●●●●	Best of ...
🔅	Schöne Aussicht
😊	Grün & fair: für ökologische oder faire Aspekte
(*)	Kostenpflichtige Telefonnummer

PREISKATEGORIEN HOTELS

€€€ über 160 Euro

€€   85–160 Euro

€   bis 85 Euro

Die Preise gelten für ein Doppelzimmer zur Hochsaison ohne Frühstück. Einzelzimmer sind selten billiger.

PREISKATEGORIEN RESTAURANTS

€€€ über 26 Euro

€€   16–26 Euro

€   bis 16 Euro

Die Preise gelten für ein Hauptgericht mit Suppe/ Salat abends (mittags meist günstiger).

Titelthemen: Rundtour durch die Rocky Mountains S. 100 | Brillante Kunst im Getty Center S. 36

INHALT

Der Südwesten → S. 56

Ausflüge & Touren → S. 96

Sport & Aktivitäten → S. 102

Reiseatlas → S. 124

**UMSCHLAG HINTEN:
FALTKARTE ZUM
HERAUSNEHMEN →**

GUT ZU WISSEN
Geschichtstabelle → S. 12
National Parks Pass → S. 22
Spezialitäten → S. 26
Bücher & Filme → S. 54
Gästeranches → S. 77
Mormonen → S. 78
Pit-Barbecue → S. 90
Was kostet wie viel? → S. 113
Währungsrechner → S. 114
Wetter → S. 116

KARTEN IM BAND
(126 A1) Seitenzahlen und
Koordinaten verweisen auf
den Reiseatlas
(0) Ort bzw. Adresse liegt au-
ßerhalb des Kartenausschnitts
Karten des Grand Canyon
National Park, des Yosemite
National Park und des
Yellowstone National Park im
hinteren Umschlag
Es sind auch die Objekte mit
Koordinaten versehen, die
nicht im Cityatlas stehen

FALTKARTE
(🗺 A–B 2–3) verweist auf
die herausnehmbare
Faltkarte

Die besten MARCO POLO Insider-Tipps

Von allen Insider-Tipps finden Sie hier die 15 besten

INSIDER TIPP Hölleninferno

Hoch über dem Death Valley blicken Sie vom *Dante's View* auf Wüstenberge und Salzseen. Die Einsamkeit über dem gewaltigen Panorama des Tal des Todes ist auf faszinierende Weise spürbar → S. 33

INSIDER TIPP Wie zu Trapperzeiten

Fast wie ein geheimes Treffen nur für Eingeweihte: Beim *Green River Rendezvous* wird jeden Sommer ein Trappertreffen von 1840 original nachgestellt → S. 109

INSIDER TIPP Fernöstlicher Kunstgenuss

Uralte Kunst aus Japan, Korea und China in einem neu gestalteten Bau: Die Sammlungen des *Asian Art Museum* in San Francisco sind legendär → S. 41

INSIDER TIPP Das größte Steak in Texas

Gut 2 kg wiegt das Supersteak in der *Big Texan Steak Ranch* von Amarillo (Foto o.) → S. 84

INSIDER TIPP Pilgerfahrt zu Jimi Hendrix

Das *EMP* in Seattle birgt die größte Hendrixsammlung – und dazu viele Erinnerungsstücke an die Grunge-Band Nirvana (Foto re.) → S. 53

INSIDER TIPP Ritualtänze im Pueblo

Fotografieren ist nicht erlaubt, aber meist dürfen Besucher den Indianern in New Mexico bei ihren Tänzen zusehen → S. 59

INSIDER TIPP Traumrevier für Jeeptouren

Über Schotterpisten und nackten Fels können Sie im *Canyonlands National Park* per Geländewagen in die roten Schluchten vordringen → S. 64

INSIDER TIPP Tour in den Himmel

Ein Klettersteig führt im Zion National Park einen steilen, feuerroten Felspfeiler hinauf zu *Angels Landing* – von hier ist der Blick göttlich → S. 69

INSIDER TIPP Aufregende Raftingtour in den Rockies

Glacier National Park: Mit Gummiflößen auf schäumenden Flüssen durch die Wildnis der Rocky Mountains reiten → S. 77

INSIDER TIPP Baden in heißen Quellen

Schon vor 100 Jahren saßen die Cowboys in den *Chico Hot Springs*. Die restaurierte alte Lodge bewahrt das Westernflair → S. 81

INSIDER TIPP Rippchen und Margaritas

Auf Mesquiteholz gegrilltes Barbecue, Live-Countrymusik und gut gelauntes, junges Szenepublikum auf der großen Terrasse: die *Cowgirl Hall of Fame* → S. 66

INSIDER TIPP Amerikanischer Kitsch satt

Im Dörfchen Wall gibt's den berühmtesten *drugstore* Amerikas – und eine unglaubliche Auswahl an Plastikkitsch zu Ehren des Wilden Westens → S. 87

INSIDER TIPP Authentisches Indianerleben in Oklahoma

Uralte Indianerspiele, die Kunst der Kräuterheilung und die Fertigung von Jagdgerät: Im *Cherokee Heritage Center* von Tahlequah werden indianische Lebensweise und traditionelles Handwerk einfühlsam erhalten → S. 94

INSIDER TIPP Ein Besuch bei den Holzgiganten

So winzig haben Sie sich noch nie gefühlt: Im *Henry Cowell State Park* erwartet Sie nicht weit von San Francisco einer der schönsten Redwoodhaine – mit über 2000 Jahre alten Küstenmammutbäumen → S. 96

INSIDER TIPP Großstadtshopping mit Stil in L. A.

The Grove heißt die eleganteste Einkaufsmeile in Los Angeles: ultraszenige Boutiquen, schicke Cafés und gleich nebenan die Marktstände des alten Farmers' Market → S. 37

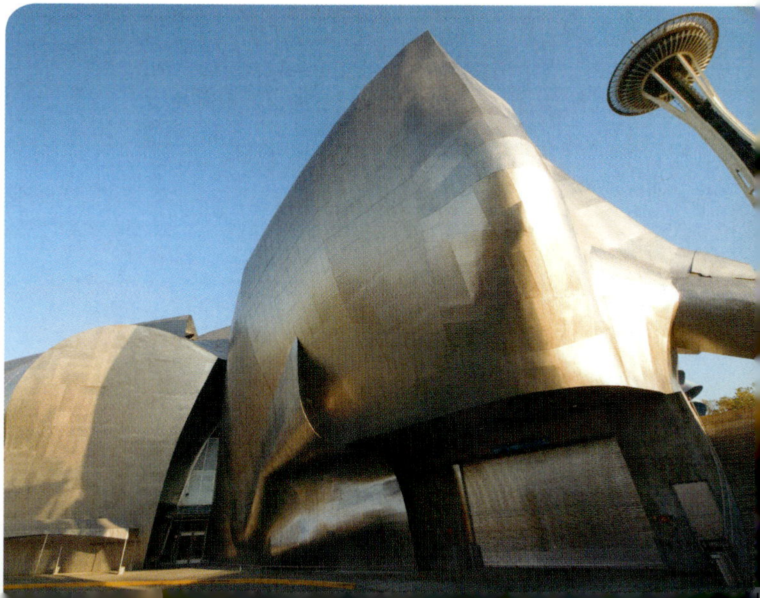

BEST OF ...

SPAREN

● *Reiches Texas besichtigen*

Die texanischen Kunstsponsoren meinen es gut mit Ihnen: Weltklasse-museen wie das *Kimbell Art Museum* in Dallas oder das *Amon Carter Museum* für Westernkunst verlangen keinen Eintritt → **S. 88**

● *Licht, Kamera, Klappe*

Als Star werden Sie wohl nicht entdeckt werden, aber ein *Fernsehauf-tritt* ist in Hollywood durchaus machbar. Für Comedyserien und Spie-leshows werden von den Studios immer Freiwillige als Publikum ge-sucht. Der Eintritt ist frei, Sie müssen nur klatschen → **S. 43**

● *Oldtimer-Nostalgie in Las Vegas*

Chevys aus den 1950er-Jahren, alte Cadillacs und sogar ein Wagen von Elvis stehen im Imperial Palace Casino zur Schau. Wenn Sie von der Website der *Auto Collections at The Quad* einen Coupon herunter-laden, kommen Sie umsonst rein → **S. 62**

● *Neumexikos Kunst für lau*

Eigentlich müssten die Gallerien an der *Canyon Road* in Santa Fe, New Mexico, Entritt verlangen. So gut und museumsreif ist die moderne Kunst, die hier zu bewundern ist. Tun sie aber nicht, und Sie können die Werke gratis genießen (Foto) → **S. 66**

● *Olympiafit in Colorado Springs*

Das Geheimnis der Fitnesssteigerung ist die Höhe, deshalb trai-nieren die Athleten im *US Olympic Training Center* auf rund 2000 m über dem Meeresspiegel. Die 45-minütigen Füh-rungen im Trainingsgelände sind kostenlos – inklusive Fitnessideen → **S. 74**

● *Steuern zum Nulltarif*

Kaum zu glauben, aber das sehr alternative, um-weltbewusste Oregon im Nordwesten ist zugleich ein echtes Shoppingmekka. Hier gibt es nämlich keine *sales tax* – und ohne Verkaufssteuer spart man im Vergleich zu anderen Bundesstaaten leicht 5–10 Prozent → **S. 50**

●●●● Diese Punkte zeichnen in den folgenden Kapiteln die Best-of-Hinweise aus

● **Nachts am Strip**
Nichts geht über einen nächtlichen Bummel am glitzernden *Las Vegas Strip* – vorbei an der Freiheitsstatue und am Eiffelturm, an gigantischen Leuchtreklamen und Wasserspielen → S. 62

● **Blick in den Grand Canyon**
Wenn Sie an den Rand des *Grand Canyon* treten, haben Sie den Eindruck, als würde der Boden aus der Landschaft fallen. 1600 m geht es steil in die Tiefe – und ebenso steil und schweißtreibend wieder hinauf, falls Sie den Treck in die Schlucht machen (Foto) → **S. 60**

● **Tiere und Geysire im Yellowstone**
Nicht nur die Geysire lohnen den Besuch des *Yellowstone National Park*. Ebenso unvergesslich ist es, einem Bison in freier Wildbahn zu begegnen. Die funkelnden Augen, das zottelige Fell, der massige Körper wirken im direkten Gegenüber besonders eindrucksvoll → S. 81

● **Den Orcas nachspüren**
Wale in Sicht: Den Sommer über leben Gruppen von Schwertwalen im Insellabyrinth der *San Juan Islands* im Staat Washington. Auf Bootstouren können Sie die eleganten, schwarz-weiß gezeichneten Kraftpakete in nur wenigen Metern Entfernung beobachten → S. 55

● **Sauna unter dem Meeresspiegel: Death Valley**
50 Grad im Schatten, 90 Grad in der Sonne sind im tiefsten Teil des *Death Valley* nicht selten. Die flirrende Salzwüste von Badwater liegt fast 100 m unter dem Meeresspiegel. Ein heißes Naturerlebnis! → S. 33

● **Stetsonhut und Boots kaufen**
Haben Sie das passende Outfit? Für die Reise oder auch als Andenken dürfen zünftige Klamotten wie aus dem Westernladen *The Wrangler* in Cheyenne, Wyoming, nicht fehlen: Boots, ein Gürtel mit Silberschnalle und ein Cowboyhut – schon ist die Verwandlung perfekt → S. 73

● **Großes Kino am Mount Rushmore**
Patriotischer inszeniert finden Sie Amerika kaum sonst wo: Umrahmt von wehenden Sternenbannern und dramatischer Musik grüßen die berühmten Präsidentenköpfe von hoch oben am Gipfel → S. 86

TYPISCH

BEST OF ...

REGEN

● Regen im Hoh-Regenwald
Zwischen Farnen und flechtenbehangenen Urwaldriesen fühlen Sie sich im *Hoh Rain Forest* des Olympic National Park wie in einer Traumwelt. Hier passt Nieselwetter ins Panorama → S. 50

● Ab in den Flugzeughangar
Regen ist in Everett, Washington, nicht selten. Aber hier baut *Boeing* seine Jumbojets, wettergeschützt in der größten Halle der Welt → S. 55

● Um Sonne beten ...
Mit genügend Inbrunst hilft sicher auch ein Stoßgebet. Und es gibt Ihnen die Chance, einige der architektonisch interessanten Kirchenbauten wie die *Rothko Chapel* in Houston kennenzulernen → S. 91

● Besuch im grünen Museum
Wenn San Francisco im Sommer mal wieder in Nebel und Niesel liegt, gehen Sie lieber gleich in die *California Academy of Sciences:* ein spektakuläres Aquarium und Tropenhaus – und eine Ikone grüner Technologie in Kalifornien → S. 42

● Tropfsteine gucken
Bei einem Gang durch das 200 m tiefe Höhlenlabyrinth unter den Bergen von New Mexico sind Sie wettergeschützt. Das Wasser sickert erst Monate später durch den porösen Fels und schafft die Wunderwelt der *Carlsbad Caverns* (Foto) → S. 59

● Hurra, ein Wolkenbruch!
Regen in der Wüste kann herrlich sein – und begeistert selbst Einheimische. Schauen Sie sich von einem Coffeeshop oder einer Bar z. B. in Palm Springs das Spektakel an: Innerhalb einer Stunde schießt Regenwasser halbmeterhoch den eleganten *Palm Canyon Drive* herab → S. 38

● Schlamm und Honig

Von zupackenden Hamammasseuren bis hin zu beruhigenden Schlamm- und Honigpackungen reicht das Programm des *Sahra Spa & Hammam* im *Cosmopolitan*. Die Poollandschaft bietet dazu den besten Blick auf den Strip → S. 63

● Wellness mit Canyonpanorama

Wie wäre es mit einer Kaktusgelpackung? Oder einem *scrub* mit Salz aus dem Great Salt Lake? Und dann eine Yogastunde umrahmt von roten Canyons. Genau damit lockt das Sagestone Spa des ruhig gelegenen *Red Mountain Resort* im Süden Utahs seine Gäste → S. 105

● Picknick am Dead Horse Point

Island in the Sky, die „Insel im Himmel" heißt das Felsplateau hoch über dem Canyon des Colorado River bei Moab. Und man fühlt sich wirklich, als schwebe man zwischen Himmel und Erde. Besorgen Sie alles für ein schönes Picknick im Ort, und setzen Sie sich im *Dead Horse Point State Park* an den Rand der Klippe → S. 64

● Kunst & Yoga an der Elliott Bay

Das *Seattle Art Museum* hat eine gelungene urbane Oase geschaffen: Aus einer alten Industriebrache wurde ein großartiges Kunstzentrum mit Meerblick und einem weitläufigen *Skulpturenpark,* in dem Sie im Sommer auch an Yogakursen teilnehmen können → S. 53

● Burger mit Blick

Ein atemberaubender Blick über die Küste von Big Sur, dazu ein kühler Chardonnay und ein *Ambrosia Burger* – und die Welt ist in Ordnung. Nach den Kurven am Highway 1 ist das Lokal *Nepenthe* (Foto) ideal zum Adrenalinsenken → S. 97

● Einfach treiben lassen

Die Grand Tetons in Wyoming sind bestimmt die schönste Bergkette Amerikas. Mieten Sie sich ein Schlauchboot und unternehmen Sie auf dem *Snake River* einen gemütlichen *scenic float trip* – Naturgenuss pur → S. 78

ENTSPANNT

AUFTAKT

ENTDECKEN SIE DEN WESTEN DER USA!

Amerikas Westen ist seit jeher ein Land der Verheißung. Früher lockten Gold, Öl und freies Land die Siedler. Heute sucht man oft ein ganz persönliches Erlebnis von Freiheit und Abenteuer. Zu Recht, denn in grandiosen Landschaften, bekannt aus ungezählten Roadmovies und Western können Sie raften und biken, surfen und Ski fahren, herrlich verrückte Traumstädte wie San Francisco oder Las Vegas erleben und in großartigen Nationalparks staunend vor feuerroten Schluchten und dampfenden Geysiren stehen.

Der Westen Amerikas beginnt mit den großen Prärien jenseits des Mississippi. So sahen es die Pioniere, die vor gut 150 Jahren auf dem legendären Oregon Trail westwärts zogen, und so will es auch die Geografie. Doch der „Westen" ist mehr. Er symbolisiert nach wie vor die Zukunft des Lands, er ist ein Traum, ein Mythos und eine Geisteshaltung in Amerika. Wer im Westen lebt, fühlt sich dem Klischee nach oft freier, fährt ein größeres Auto (Pick-up-Trucks sind selbst heute in Zeiten steigender Ölpreise mancherorts häufiger als normale Autos), pflegt einen aktiven Lebensstil

Bild: Monument Valley

Viktorianischer Charme trifft auf moderne Architektur: San Francisco im Abendlicht

und glaubt noch weniger als andere Amerikaner an die Regierung in Washington. Der Westen steht für Kreativität und für Hollywood, für das Lebensgefühl der Surfer in Südkalifornien und der Mountainbiker in Colorado. Und er liefert nach wie vor die Rohstoffe, die Amerikas Wirtschaft prägen. Aus den Prärien kommen Mais, Weizen und Soja, aus Wyoming Rinder, aus Texas das Öl und aus Oregon das Holz für die Häuser Amerikas. Aber es wird hier auch verarbeitet: In Seattle werden Flugzeuge gebaut, in San Francisco Computerchips.

> **Der Westen steht für Kreativität**

Im Westen heißt es, sind die Menschen zupackend und aufgeschlossen für Neues. Vor gut 30 Jahren wurden hier Microsoft und Apple gegründet und später auch Google. Hier ist Platz für gesellschaftliche Experimente, wie sie schon die Mormonen vor 150

28 000–13 000 v. Chr.
Die Vorfahren der Indianer ziehen über die Beringstraße nach Alaska

Ab 1538
Spanier erkunden von Mexiko aus den Südwesten, López de Cárdenas entdeckt den Grand Canyon

1769
Gaspar de Portolá findet die San Francisco Bay

1803
Louisiana Purchase: Jefferson kauft von Napoleon das Land westlich des Mississippi

1845–1848
Die USA erobern das Gebiet des heutigen Arizona, Utah, Nevada und Kalifornien

Jahren in ihrem Gottesstaat in der Wüste Utahs versuchten. Der Westen weist den Weg, von hier kommen die Trends in Amerika – positiv wie negativ. Wenn in Kalifornien der Strom knapp wird, wenn eine Blase der New Economy entsteht oder der Immobilienboom in sich zusammenfällt, dann wird das zumeist im Westen als Erstes deutlich. Dort werden aber oft auch die Lösungen für Probleme ausprobiert und gefunden.

Was Klima und Landschaften angeht, bietet die Region ein verblüffendes Spek-

Die Dimensionen sind schwer fassbar

trum. Schon die Dimensionen sind für uns schwer fassbar: Zwischen der Grenze zu Kanada am 49. Breitengrad bis zur mexikanischen Grenze am 33. liegen gut 2000 km Luftlinie, von Kansas City in den Prärien bis San Francisco sind es ebenfalls gut 2500 km. Das heißt, im Süden ist man auf der Höhe von Marokko – was das Wüstenklima in Südkalifornien, Arizona und Texas erklärt. 40, ja 45 Grad im Schatten sind im Sommer hier der Normalfall. Die Staaten Washington, Idaho und Montana dagegen liegen auf der Höhe von Süddeutschland, entsprechend kühler ist das Klima.

Ebenso kontrastreich zeigen sich die Landschaften des Westens, die am Mississippi mit den schier unendlichen, flachen Prärien beginnen und fast unmerklich ansteigen, bis man in Denver schon auf 1600 m über dem Meer ist – und immer noch in der weiten Ebene steht. Die gesamte Region westlich davon wurde vor rund 30 bis 60 Mio. Jahren geformt. Mächtige Bergzüge wurden damals von der Kontinentalverschiebung aufgeworfen: die Rocky Mountains, die Sierra Nevada in Kalifornien und die Cascade

1849
Goldrausch in Kalifornien

1869
Fertigstellung der transkontinentalen Bahnlinie

1872
Yellowstone wird zum ersten Nationalpark der Welt erklärt

1906
Starkes Erdbeben in San Francisco

1926
Eröffnung der 3600 km langen Route 66 quer durch den Westen

1941
Entwicklung der Atombombe in Los Alamos, New Mexico

Mountains in Oregon und Washington etwa, deren eisbedeckte Vulkangipfel noch immer aktiv sind, wie der Ausbruch des Mount Saint Helens im Jahr 1980 eindrucksvoll bewies. Bis heute sind all diese Gebirge nur ganz dünn besiedelt, ein Dorado für Outdoor-Fans: In den Rockies warten die Geysire des Yellowstone, in den Bergen der Olympic Peninsula in Washington verwunschene Regenwälder. In den Küstenbergen Kaliforniens wachsen über 100 m hohe *redwoods* und am Westhang der Sierra Nevada die seltenen Sequoias, 3000 Jahre alte Mammutbäume mit bis zu 10 m Stammdurchmesser – Superlative kann der Westen der USA reichlich bieten.

Wirklich spektakulär wird es im Südwesten, in der Region des Colorado-Plateaus von Utah, Arizona und New Mexico. Hier haben der Colorado River und seine Nebenflüsse fantastische Canyons in die roten Sandsteinfelsen geschnitten. Dies sind die Kulissenwelten der großen Hollywoodwestern und von Roadmovies. Hier liegen die schönsten Nationalparks und Naturwunder Amerikas und natürlich der Grand Canyon. Südlich davon beginnt entlang der Grenze zu Mexiko eine weitere Großlandschaft: die Sonorawüste, in der pittoreske Saguarokakteen ihre Arme gen Himmel recken, wo einst die Apachen unter Geronimo gegen die US-Kavallerie kämpften – und wohin heute die Winterurlauber in Scharen aus dem kalten Norden flüchten.

Archaische Landschaft, dramatisch zerklüftet

Nicht weniger grandios ist die Pazifikküste ganz im Westen. Eine Küste, die zu Recht als eine der schönsten der Welt gilt. Mit langen Sandstränden im Süden, wilden Klippen, Dünen und Buchten im Norden. Besonders berühmt ist die Steilküste entlang des Highway 1 in Kalifornien: die viel besungene Traumstraße der Welt. Big Sur, das sind 50 Meilen zwischen Himmel und Meer, zwischen Gischt und steilen Graten. Hier stürzen die Coast Mountains direkt in den Pazifik hinab, hier verdichtet sich das kalifornische Naturerleben zur prickelnden Essenz. Salbei und Rizinus schwängern die milde Seeluft mit ihren Düften. In ständigem Auf und Ab windet sich der Highway durch die archaische Landschaft, dramatisch zerklüftet, wild wie am ersten Schöpfungstag. „Das schönste Zusammentreffen von Land und Meer" nannte es Robert L. Stevenson.

Eingebettet in den berauschenden Naturszenerien des Westens liegen die Städte, manche übrig geblieben aus der Goldgräberzeit, manche noch heute Cowboytreffs

1967
Die Flower-Power-Bewegung feiert den Sommer der Liebe in San Francisco

1980
Der Kalifornier Ronald Reagan wird Präsident

1991
Freihandelsabkommen mit Mexiko/Kanada

2001–2003
Die Anschläge vom 11.9. und der Irakkrieg lassen den Tourismus einbrechen

2008/2011
Finanz- und Immobilienkrise

2012–2014
Lang andauernde Dürre in Kalifornien

Pumas, Amerikas größte Wildkatzen, leben vorwiegend in abgelegenen Gebieten der Rockies

und manche mutiert zu schicken Urlaubsorten – alle jedoch mit einer wechselvollen Geschichte voller Wildwestanekdoten und skurriler Begebenheiten. Sie haben viel zu erzählen, die kleinen Nester des Westens. Dazwischen, meist abgelegen im Hinterland, liegen die Reservate der Indianer, der einstigen Herren des Lands. Erst in jüngster Zeit regt sich ein kulturelles Erwachen. In den Reservatsdörfern aber herrscht oft noch Tristesse, es ist schwer für die Indianer, neue Lebensinhalte im modernen Amerika zu finden.

Paradoxerweise hat vielerorts die Spielsucht des weißen Mannes ihnen ein neues Zubrot verschafft: Auf Indianerland dürfen nämlich, weil es nicht den Gesetzen der Einzelstaaten, sondern nur den Bundesgesetzen unterliegt, Kasinos gebaut werden – die Profite gehen an Schulen, Bauprojekte und Stammeseinrichtungen. Am Identitätsverlust der Indianer in der modernen Welt ändern sie allerdings wenig.

Ganz anders präsentieren sich die Metropolen. Städte wie Los Angeles, San Francisco, Phoenix, Dallas, Seattle oder Denver sind Hochburgen des „American Way of Life": vital, jung, selbstverliebt und in ihren Trends dem alten Europa meist einige Jahre voraus. Gerade auch sie machen auf einer Reise in den Westen das Erlebnis Amerika aus. Das Gefühl der Freiheit und der Weite aber wartet draußen auf den Highways des Westens und in den

> **Die Metropolen sind Hochburgen des „American Way of Life"**

grandiosen Naturparks. Dort wird man bald auch die kribbelnde Abenteuerlust verspüren, die bestimmt schon die Pioniere auf dem Oregon Trail antrieb.

IM TREND

1 Bella nuova Italia

San Diego Italiener ist nicht gleich Italiener. San Diegos Restaurants haben das gewisse Etwas. So wie die *Cucina Urbana (505 Laurel Street)*, wo die Pizza mit Eiern und Speck daherkommt und der Martini nach Basilikum schmeckt. *Macaroni and cheese* klingt nicht spannend? Nach einem Besuch im *Bertrand at Mister A's (2550 5th Av.)* denken Sie anders! Parmesanpommes und Knoblauchmayo gefällig? Gibt's im *Alchemy (1503 30th Street)*, dessen Karte nach Erdteilen unterteilt ist.

Gerstensaft

2

Bier statt Wein In Denvers *Cheeky Monk (534 E Colfax Av. | www.thecheekymonk.com)* gibt es zu jedem Gericht auf der belgisch inspirierten Speisekarte eine Bierempfehlung. Fein abgestimmt sind auch die Kreationen von „Bierkoch" Bruce Paton *(www.bayareabeerchef.com)*. Wer etwas Zeit mitbringt, sollte bei Christina Perozzi die Schulbank drücken. Die Expertin veranstaltet Bierproben und Seminare *(thebeerchicks.com),* außerdem berät sie Lokale als Biersommelier, z. B. die *Rustic Canyon Wine Bar (1119 Wilshire Blvd.)* in Santa Monica.

3 Burger at its best

Burger Die Amis lieben ihr Fast Food – immer öfter auch in Gourmetvarianten. Starkoch Gordon Ramsay überzeugt im *BurGR (Planet Hollywood Resort | Las Vegas)* mit bestem Fleisch und Süßkartoffel-Fritten. Im mobilen *Green Truck (www.greentruckonthego.com)* sind die handgeschnittenen Biopommes mit Chipotle-Ketchup eine Sünde wert. Im *Blu Burger Grille (32409 N Scottsdale Road | Scottsdale)* stehen sieben Käsesorten und 13 Saucen zur Wahl.

Gute Nacht!

Boutique Motels Für Horrorfilme und Tête-à-Têtes sind sie der bevorzugte Schauplatz. Den besten Ruf haben Motels nicht. Dabei macht sich gerade eine neue Generation schicker Motels im Lande breit. Das *Orbit In (562 W Arenas Road)* in Palm Springs ist ein Eldorado für Designfans. Das Äußere stammt von Herbert W. Burns, im Inneren stehen Werke von Eames und Saarinen. Das *Presidio (1620 State Street | Santa Barbara) (Foto)* sieht von der Straße unscheinbar aus. Doch tritt man durch die Tür, erwarten einen liebevoll und individuell gestaltete Räume. Trendy und günstig! In L. A. sollten Sie im *The Standard (8300 Sunset Blvd.)* haltmachen. Allerdings nicht nur zum Schlafen. Die Herberge besticht durch Poolpartys, DJs und Performancekunst. Hier wollen Sie nie wieder ausziehen!

Dabei sein ist alles

Wettstreit Hauptsache, ein fahrbarer Untersatz unter dem Hintern. Das könnte das inoffizielle Motto des *Urban Assault Ride (www.urbanassaultride.com) (Foto)* sein. Bei der verrückten Schnitzeljagd werden kniffelige Hindernisse überwunden und witzige Rätsel gelöst. Beim *Great American Duck Race (Deming | www.demingduckrace. com)* steht nicht nur ein Gummientenrennen auf dem Programm, Tortillaweitwurf ist eine weitere Disziplin. Ein Wettrennen in Pappbooten? Das findet jedes Jahr auf Arizonas Tempe Town Lake statt. Die Boote sind echte Hingucker – bis sie untergehen: *Great Cardboard Regatta (Tempe)*. Trocken bleiben Sie beim *Rock 'n' Roll Marathon (runrocknroll.competitor.com)* in San Antonio. Dutzende Livebands spielen entlang der Laufstrecke.

STICHWORTE

CAMPUS

Auch in Europa hat sich der Begriff durchgesetzt, auch dort steht eine Universität auf einem Campus. Doch dort ist das vielleicht nur ein gepflasterter Platz mit verstreuten Seminargebäuden und hat wenig mit dem amerikanischen Campus gemein. Besonders die Elitestätten der höheren Bildung, die *Universities of California* in Berkeley oder Los Angeles, zeigen, was ein Campus wirklich ist: eine nach außen fast geschlossene Gelehrtenrepublik. Überall wohnen die jüngeren Semester in *dormitories,* recht karg ausgestatteten Studentenwohnheimen, und die Seminargebäude sind nicht selten Stiftungen ehemaliger Studenten. Dennoch liegen die Studiengebühren in astronomischer Höhe. Doch wer seinen Nachwuchs durch eine gut angesehene Universität bringt, kann fast sicher sein, dass dem Antritt einer gehobenen Stellung nichts mehr im Weg steht.

DROGEN

Drogen sind leicht und an vielen Stellen erhältlich. *Crack, crack* hört man an einschlägigen Orten die Dealer rufen, *H* oder *pot.* Im Norden Kaliforniens ist der (illegale) Anbau von Marihuana sogar der bedeutendste landwirtschaftliche Erwerbszweig. Deswegen eine besondere Warnung: Die Amerikaner halten die Rauschgiftsucht für das Problem Nummer eins, und entsprechend hart greift die Polizei durch. Bei Ausländern wird keine Ausnahme gemacht. Derzeit ist aber ein Umdenken im Gange: Colo-

Patriotismus und Umweltschutz: ein kleines Kompendium ausgesprochen amerikanischer Besonderheiten

rado und Washington haben 2014 Marihuana legalisiert, Kalifornien und weitere Staaten erlauben den „medizinischen" Gebrauch.

FRAUEN

Den Einwanderern und Siedlern blieb gar nichts anderes übrig, als ihre Frauen gleichrangig zu behandeln. In der Neuen Welt musste die Frau von Anfang an ihren Mann stehen. Vor allem galt dies in den Pionierzeiten des Wilden Westens, wo die Frauen oft allein die Fami-

lie durchbringen mussten. Nicht umsonst führte Wyoming bereits 1869 als erster Bundesstaat das Frauenwahlrecht ein. Spätestens in der Wohlstandszeit nach dem Zweiten Weltkrieg änderte sich die Rolle der Frau. Es galten wieder die drei K: Kinder, Küche, Kirche. Hinter den Kulissen aber hielten die Frauen ihre Position: Daheim zogen sie die Fäden. Ab den 1970er-Jahren und durch die stetig steigenden Lebenshaltungskosten gab es erneut eine Kehrtwende. Damit die Raten für das Häuschen, das wegen der

Entfernungen nötige zweite Auto, überhaupt der Lebensstandard gehalten werden konnten, blieb wieder nichts anderes übrig, als dass die Frauen mitarbeiten. Heute ist mehr als die Hälfte der Jobs, die von *professionals* (im Großen und Ganzen: Hochschulabgängern) besetzt werden, in den Händen von Frauen. Und auch außerhalb von Büros zeigt sich ein Bild, das in Europa noch nicht überall und immer üblich ist: Soldatinnen, Feuerwehrfrauen, Bauarbeiterinnen.

Nur ganz oben, da blieb etwas, das die Amerikaner *glass ceiling* nennen, eine unsichtbare Decke, durch die nur Männer in die höchsten Positionen vorstoßen können. San Francisco aber war bereits 1978 die erste Großstadt mit einer Bürgermeisterin: Dianne Feinstein.

Dieser Riss in der Glasdecke war 2008 zwar noch nicht groß genug, dass Senatorin Hillary Clinton, die erfolgreiche Frau des ehemaligen Präsidenten, hätte hindurchschlüpfen können. Doch die Realität einer ersten Präsidentin der USA liegt bestimmt nicht mehr fern.

GAY PRIDE

If you're going to San Francisco, be sure to wear some flowers in your hair. Nein, nicht mehr nötig. Scott McKenzies Aufforderung war ein musikalischer Hit – zur Hippiezeit. Tragen Sie etwas anderes: Vorurteilslosigkeit. Denn eines ist San Francisco geblieben: die Symbolstadt schwulen und lesbischen Stolzes, des *gay pride*. Kein ängstliches Sichverstecken, kein Sich-als-andersartig-abstempeln-Lassen. *Gay pride* gibt es auch anderswo, wenn auch nicht so demonstrativ. Aber wo auch immer: *If you're going, be sure to wear some acceptance in your heart.*

INDIANER

Amerikas Ureinwohner kamen vermutlich vor 15 000 bis 30 000 Jahren aus Asien über die Beringstraße nach Ame-

Die Navajo, die vorwiegend in Arizona leben, sind die größte indianische Nation

rika. Sie lebten von der Jagd, dem Fischfang und der Landwirtschaft. Aber sie verfügten weder über eine Schrift, noch bearbeiteten sie Metall. So konnten sie außer Namen von Flüssen, Gebirgen und Landstrichen wenig hinterlassen. Anfängliche Freundschaft zu den Eroberern und Siedlern aus Europa wich bald der Feindschaft. Zwangstaufen, Vertragsbrüche und eine geradezu systematische Ausrottung hörten erst auf, als die meisten überlebenden Indianer in abgelegene Reservate verdrängt worden waren.

Dort leben heute noch viele – misstrauisch, kulturell zerrissen. Keine Volksgruppe der Vereinigten Staaten ist weniger integriert. Viele von ihnen leben in den Slums der Großstädte oder in ärmlichen Reservaten. Einige jedoch kamen zu Reichtum, da ihnen vielerorts Sondergesetze erlauben, legal Glücksspielzentren zu betreiben. Andere, wie die Cahuilla von Palm Springs, verdienen gut an der Grundstücksspekulation.

KIRCHE

Eine der meistgestellten Fragen auch im Westen der USA lautet: *Which church do you belong to?* Baptisten, Buddhisten, Methodisten, Episkopale, Holy Rollers, Latter-day Saints (Mormonen), Juden, Katholiken, Moslems, unzählbare Abzweigungen von den Hauptkirchen – die Vielfalt hat mit der Einwanderungsgeschichte zu tun, aber auch damit, dass Staat und Kirche wirklich strikt getrennt sind. Ein Geistlicher muss schon zusehen, dass er sein Gotteshaus voll bekommt, denn die Kirchen werden ausschließlich von den Spenden ihrer Gläubigen finanziert. Der Staat gibt keinen Cent dazu.

NATIONALPARKS

Die Nationalparks des amerikanischen Westens sind die schönsten, die weitläufigsten und die bestgehüteten der Welt. In den Naturschutzgebieten leben Tiere und Pflanzen weitgehend unbeeinträchtigt von den Menschen. Berühmte Parks wie der Yosemite oder der Grand Canyon sind chronisch überlaufen – aber nur an den touristischen Ballungspunkten. Das Hinterland ist wie in den übrigen Parks ruhig, und die Natur so unberührt wie kaum in einem anderen hoch entwickelten Land.

Ein Heer von *park rangers* sowie von engagierten Naturschützern wacht über die Parks, zu denen noch *National Forests* (Wälder), *National Seashores* (Küstenabschnitte) und *National Recreation Areas* (Erholungsgebiete mit Zelt- und Picknickplätzen) kommen, und bemüht sich um ihre Erweiterung. Bundesstaaten und Gemeinden folgten dem vor rund 140 Jahren aufgekommenen Schutzgedanken und stellten ihrerseits *State Parks* oder *County Parks* unter Schutz.

PATRIOTISMUS

Mit wehender Fahne und Trommelwirbel: Amerikaner lieben ihr Land. *Rally around the flag* heißt das Phänomen, bei dem sich in der Stunde wirklicher oder vermeintlicher Not alle um die Fahne sammeln. Kein Parteitag ohne Fahnenmeer, kein Baseballspiel ohne bejubelten Flaggengruß. Vor allem in stramm republikanischen Staaten wie Arizona oder Utah zeigen die Bürger ihren Stolz auf Amerika. Würden in Deutschland derartig viele Staatsbanner wehen und so viele Bekenntnisse zur Größe der Nation abgelegt, die restliche Welt würde aufschreien. In puncto Patriotismus verstehen die Amerikaner keinen Spaß, mögen sie keine Kritik hören. *Right or wrong,* heißt der Spruch, *it's my country.*

POLITIK UND GESETZE

Die föderative Ordnung garantiert den 50 Bundesstaaten große Gestaltungsspielräume, besonders im Erziehungswesen und im Strafrecht. Manche praktizieren auf lokaler Ebene direkte Bürgermitbestimmung durch Versammlungen *(town meetings),* in denen etwa über den städtischen Haushalt entschieden wird.

Gängig ist überall das Misstrauen gegen jedwede Regierung, das besonders in den nur dünn besiedelten Staaten der Rocky Mountains ausgeprägt vorhanden ist. Man will keine Einmischung des Staats – und vor allem möglichst wenig Steuern bezahlen. Bei Präsidentschaftswahlen eilt gerade mal die Hälfte der Bürger an die Urnen, bei Lokalwahlen kaum ein Viertel. Eine hohe Beteiligung kommt aber bei Volksentscheiden zustande.

REDNECKS

Die Sonne brennt, und wer unter ihr arbeiten muss, der wird sich ihr, anders als Sonnenanbeter am Strand, nicht schutzlos ausliefern. Also Baseballkappe auf, T-Shirt an. Der Nacken wird trotzdem rot, die Arme von knapp über den Ellbogen hinab auch. Ein Redneck ist also einer, der in der Sonne arbeitet, typischerweise ein Farmer. Der abfällige Volksmund hat leider noch mehr aus dem Redneck gemacht. Engstirnige Leute mit aufgemotzten, tiefergelegten, chromverzierten Autos, langsam Sprechende – eben mehr oder weniger alle, denen großstädtische Raffinesse abgeht.

UMWELT

Auf der Weltbühne haben die USA im Umweltschutz nicht den besten Ruf – vor allem seit George W. Bush das Kyoto-Abkommen zu den Akten legte. In manchen Staaten werden zwar auf eine Getränkedose 15 Cent Pfand erhoben, und die Strafe für das Wegwerfen von Abfall auf der Straße beträgt 500 Dollar. Anderswo, etwa in Hanford im Staat Washington, wurde bei der Plutoniumherstellung für Bomben derart gepfuscht, dass ganze Landstriche radioaktiv strahlen.

Die Amerikaner verbrauchen mehr Energie, verpesten die Atmosphäre stärker und betreiben mehr Raubbau als die meisten anderen Völker zusammen. Andererseits sind ihre Abgasnormen oft strenger als anderswo. Kalifornien ist schon lange führend bei neuen Vorschriften für Autos, und nirgendwo wird so ernsthaft mit emissionsfreien Elektroautos experimentiert wie dort. Die Firma Tesla baut sogar höchst schnittige Elektro-Sportwagen. Nachhaltigkeit, *sustainability*, ist das neue Schlagwort der Ökoszene, die vor allem in Kalifornien, Oregon und Colorado stark ist. San Fran-

NATIONAL PARKS PASS

Bis zu 25 Dollar kostet der Einzeleintritt für ein Fahrzeug in die *National Parks* und *Monuments* der USA – im Verlauf einer Rundreise addiert sich das ganz schön. Doch es gibt eine preisgünstige Alternative: Für 80 Dollar ist am Eingang jedes Schutzgebiets der *America the Beautiful – National Parks Pass* erhältlich. Diese Jahreskarte für ein Privatfahrzeug mit bis zu 4 Erwachsenen (Kinder unter 16 sind kostenlos) gilt auch als Eintrittskarte für *National Monuments* und *Historic Parks.* Infos unter *www.nps.gov.*

Vor allem in den Nationalparks sind viele Attraktionen nur per Allradwagen zu erreichen

cisco verbot bereits 2007 als erste Stadt Amerikas alle Plastiktüten. Viele Restaurants servieren Fisch nur aus nachhaltigem Fang – Wissenschaftler des Monterey Bay Aquarium geben dafür eine ständig kontrollierte Liste heraus. Öffentliche Gebäude und auch Hotels werden immer häufiger nach sogenannten *LEED standards* gebaut. *LEED* steht für *Leadership in Energy and Environmental Design,* das besonders strikte Regelwerk des *US Green Building Council (www.usgbc.org).*

WAFFEN

Das Recht auf Waffenbesitz haben die Gründerväter den Amerikanern in die Verfassung geschrieben. Sie wollten sich damit von Europa absetzen, wo nur die Adeligen das Jagdrecht besaßen und nur ihre Soldaten Waffen für den Krieg tragen durften. In Amerika durfte und darf jeder jagen, und jeder konnte und kann Teil einer Nationalgarde werden. Vor allem die Bürger im weiten Wilden Westen pochen heute noch darauf, Waffen zu Hause zu haben – auch wenn mit Schusswaffen immer wieder Unfälle

passieren. Die *National Rifle Organization (NRA),* die sehr konservative Waffenlobby Amerikas, zählt zu einer der mächtigsten politischen Vereinigungen im Land.

WIRTSCHAFT

Mit Flugzeugbau (Boeing in Seattle), Computerindustrie (San Francisco, Seattle), Filmproduktion (Los Angeles), Ölindustrie (Kalifornien, Texas, Wyoming) und vielen anderen Wirtschaftszweigen trägt der Westen Amerikas ganz wesentlich zum Reichtum der größten Wirtschaftsmacht der Welt bei. Doch die enormen Schulden und die Rezession der letzten Jahre seit 2008 zeigen auch, dass der Wirtschaftsriese massive Probleme hat. Die Grundstückspreise und die enorm wichtige Baubranche haben sich noch längst nicht wieder erholt. Zudem leiden fast alle Bundesstaaten unter chronischem Geldmangel, ausgelöst durch die niederen Steuersätze. So kann die öffentliche Hand kaum Bauprojekte für die Infrastruktur finanzieren – Schlaglöcher in den Autobahnen und marode Brücken bezeugen es.

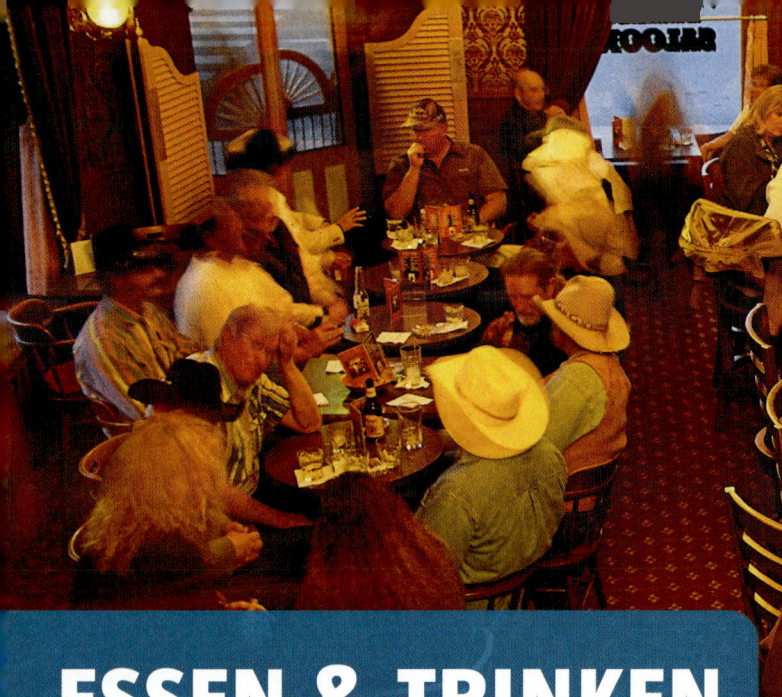

ESSEN & TRINKEN

**Das Erste, was einem angenehm auf-
fällt: Sogar in den einfachsten Coffeeshops werden Sie höflich empfangen
und zu einem für Sie frisch gedeckten
Tisch geleitet, daher auch die Schilder
„Please wait to be seated".**

Amerikas Speisekarte ist so international wie seine Bevölkerung. Es gibt kein
Nationalgericht, das nicht zu bekommen
wäre. Günstig sind die Fast-Food-Ketten,
die vorwiegend Hamburger, Hühnchen,
Tacos und Pizza servieren. Preiswert und
gut sind Chinesen, Thailänder und Vi-
etnamesen. Dort kann man oft ebenso
das Essen mitnehmen *(take out)* oder bei
Tisch nicht bewältigte Reste einpacken
lassen *(doggy bag)*. Günstig sind auch
Sandwiches, die allerorten verkauft werden: im Supermarkt, im Drugstore, in

Tankstellen, Delikatessläden und Coffeeshops. Aber alles, was einen nationalen
Beinamen trägt – French, Italian, Spa-
nish oder auch nur Classic American Cuisine etc. –, ist mittel- bis sehr teuer.
Wenn Sie nicht gerade darauf erpicht
sind, sich endlich einmal im ungeheu-
ren Angebot an Fast Food ergehen zu
können – das keineswegs durchgängig
zu verschmähen ist –, dann sollten Sie
die großen Restaurantketten meiden.
McDonald's, Taco Bell, Kentucky Fried
Chicken oder Pizza Hut haben alle den
Nachteil der Gleichförmigkeit. Ob in Oregon oder in Texas, überall ist die Speisekarte nahezu identisch.
Dabei entginge einem die Chance, regionale oder nationale und ethnische
Spezialitäten zu versuchen – und gerade

Dicke Steaks gibt es im Wilden Westen immer noch – dazu aber auch vielfältige Einwandererküchen

diese machen die Küche des amerikanischen Westens, jedenfalls des äußersten Westens, so interessant und abwechslungsreich. Interessant ist vor allem die junge amerikanische Küche, die in den 1970er-Jahren als *California Cuisine* begann und heute als *Southwest* oder *Northwest Cuisine* allerorts in regionalen Variationen auf die Tische der besseren Lokale kommt. Ihr Grundprinzip: Koche leicht, variiere Rezepturen aus verschiedenen Kulturen – meist Asien und Europa (daher auch der manchmal verwendete Begriff *Fusion Cuisine*) – und nehme, wenn irgend möglich, Produkte von heimischen Märkten. Paradiese für Genießer sind vor allem Los Angeles, San Francisco und Kaliforniens bekannte Weinregionen. Aber auch in den übrigen größeren Städten werden Sie nicht darben müssen. Oregon und Washington locken mit hervorragendem Fisch, und in den Rockies gibt es Lamm, Forellen und natürlich köstliche Steaks.

Das Hinterland in Amerikas Westen ist nach wie vor „Meat and Potato Coun-

SPEZIALITÄTEN

▶ **Appetizer plate with veggies and dip, popcorn shrimp, onion rings** – Vorspeisenteller mit Gemüse zum Dippen, frittierten Krabben, Zwiebelringen

▶ **Blackened salmon** – Lachs, scharf angebraten

▶ **Buffalo burger** – Hamburger aus sehr magerem Bisonfleisch

▶ **Buffalo/chicken wings** – kross gebratene Hähnchenflügel

▶ **California roll** – Sushi: Avocado und Krebsfleisch in einer Reisrolle

▶ **Clam/fish chowder** – eine sämige Muschel-/Fischsuppe

▶ **Dungeness Crab with drawn butter** – großer Krebs aus dem Nordpazifik mit zerlassener Butter

▶ **Eggs sunny side up with bacon and hash browns** – der Frühstücksklassiker: Spiegeleier, Speck und Bratkartoffeln

▶ **Filet mignon with baked potato** – Filetsteak mit Ofenkartoffel

▶ **French toast** – Brotscheiben in Eihülle (arme Ritter)

▶ **Honey lager microbrew** – Lagerbier teils mit Honig gebraut

▶ **Nachos with guacamole and sour creme** – überbackene Maischips mit Avocadocreme und saurer Sahne (als Vorspeise, Foto li.).

▶ **New York steak with garlic mashed potatoes** – Steak mit Fettrand, dazu Kartoffelbrei mit Knoblauch (Foto re.)

▶ **Prime rib with horseradish sauce** – sehr zarte, dicke Bratenscheibe mit Meerrettich

▶ **Pumpkin pie with whipped cream** – Kürbiskuchen mit Sahne

▶ **Quesadillas** – gefüllte Teigfladen

▶ **Seared tuna with sesame crust** – Thunfisch mit Sesamkruste

▶ **Sirloin steak with corn on the cob** – Lendensteak mit Maiskolben

▶ **T-bone steak** – das größte Steak auf der Karte (mit Knochen)

▶ **Turkey with stuffing, yams and cranberry sauce** – Truthahn mit Füllung, Süßkartoffeln und Preiselbeersoße

try". Das heißt, in den kleinen Westernorten der Rockies und in den Prärien gibt es deftige Kost mit viel Fleisch. Aber die Steaks sind auch wirklich klasse: Dicke Filets, *New York steaks* mit Fettrand oder fein gemaserte *ribeye steaks* und die meist etwas günstigeren, dünneren *sirloin steaks* sind die besten Stücke – und natürlich die legendären *T-bone steaks.* Aber für ein solches mit mindestens 400 g Gewicht muss man schon richtig Hunger haben. Vor allem wenn dazu noch eine dicke *baked potato,* rote Bohnen, *cole slaw* (sämiger Kohlsalat) und ein gebutterter Maiskolben kommen.

Vegetarier können hier im Fleischland meist höchstens auf Nudeln und Salate ausweichen. Sonst ist es aber in den Städten sowie den kleineren Orten der Westküstenstaaten oder Arizonas kein Problem, sich fleischlos zu ernähren. Vegetarische Omelettes, asiatische Gemüse-Reis-Gerichte und Fisch stehen auf der Karte, und es gibt hervorragende Sushi-Lokale, die oft preiswerter sind als in Europa. Immer mehr Restaurants und Deli-Feinkostläden setzen zudem auf ☺ Bioware, *organic food,* und beziehen auch ihren Fisch aus nachhaltigem Fang. Richtig aufregend ist der mexikanische Einfluss in den Staaten entlang der Grenze im Süden: *tacos, burritos, enchiladas, nachos* und *quesadillas* – die Spezialitäten der Nachbarn werden als mildes Fast Food an den Imbissständen serviert oder in ihrer ganzen Schärfe in richtigen mexikanischen Restaurants *(wobei die Speisekarte oft Warnsignale gibt: hot, very hot).* Die Aufteilung der Mahlzeiten in Amerika ist für Reisende zeitlich gar nicht schlecht gelöst: Morgens und abends wird ausgiebig gespeist, mittags nur eine Kleinigkeit. So kann man den Tag am besten nutzen, wenn man *on the road* ist. Man tut gut daran, sich schon gleich morgens an das *breakfast,* und zwar an das *American breakfast* zu halten. Es ist immens und eigentlich nicht zu bewältigen: Saft, zwei Eier, Speck oder Würstchen, Bratkartoffeln, Toast, Gelee, dazu Kaffee, kostenlos nachgeschenkt.

Deswegen gilt der Lunch bei allen Amerikanern nur als ganz kleine Mahlzeit – typisch dafür: *soup 'n' sandwich.* Das frühe Dinner – auf dem Land oft schon gegen 18 Uhr eingenommen – fällt dann wieder mit Steak, Pommes, Salat und Gemüse größer aus.

Egal, welche Spezialitäten es gibt, meist wird zum Essen Eiswasser getrunken. Das Bier ist in Amerika immer eiskalt – und wird dazu noch im tiefgekühlten Glas serviert. Beliebt sind neben dem legendären Bud auch mexikanische Biere wie Corona oder Tecate und immer häufiger *microbrews,* in örtlichen Kleinbrauereien hergestellte Biere.

Köstlich: ein warmer, gebutterter Maiskolben auf die Hand

Weine kommen meist aus Kalifornien: würzige Chardonnays und Pinots, aber auch Merlots, Cabernets oder Syrahs, die auf Weinprämierungen weltweit schon viele Lorbeeren geholt haben. Auch Oregon und Washington bauen übrigens heute exzellente Weine an.

Kellner arbeiten oft mit nur ganz geringem Grundgehalt. Daher gilt ein Trinkgeld von 15 Prozent als normal. Diesen *tip* lässt man bar auf dem Tisch liegen oder zählt ihn auf dem Kreditkartenbeleg zum Preis dazu.

Nur wenige Restaurants in Amerika haben übrigens einen Ruhetag – serviert wird meist sieben Tage die Woche, durchgehend von 11 bis 22 Uhr. Dazu gibt es in den Städten auch Restaurants und Ketten wie Denny's, die 24 Stunden geöffnet sind. Auch Supermärkte haben meist Delikatesstheken mit Salaten, Sandwiches und warmen Gerichten.

EINKAUFEN

Shopping, Shopping, Shopping – ganz Amerika ist, so scheint's, ständig dabei einzukaufen. Auch jene, die es sich eigentlich nicht leisten können, erliegen immer wieder dem Konsumrausch. In jedem zweiten Laden, so meint man, wird ein *sale,* ein Sonderverkauf, angeboten. Die Preise sind relativ günstig, und schwupp, schon ist die Kreditkarte am Limit.

INDIANISCHE KUNST

Sehr schöne Erinnerungsstücke sind Keramik und Kunst der Indianer. Die Sioux und andere Stämme im Norden fertigen Mokassins, aufwendige Perlenstickereien und Lederarbeiten. Die Pueblo-Indianer in New Mexico stellen großartige Keramik her, jedes *pueblo* in einem eigenen, unverwechselbaren Stil. Die Navajo in Arizona sind bekannt für ihre Webteppiche, für Silberschmuck und Sandbilder, die Hopi für kunstvoll geschnitzte Kachinapuppen.
Gute, gesicherte Qualität bekommen Sie in den Museumsläden der Region und natürlich direkt in den Reservaten. Berühmt sind auch die Galerien für traditionelle indianische wie für (teure) moderne Kunst in Santa Fe.

MALLS

Shopping findet in den USA vor allem in den Malls statt. Sie als simple Einkaufszentren zu bezeichnen wäre zu einfach. Manche sehen von außen aus wie große Bunker. Allerdings öffnen sie sich nach dem Vorbild spanischer Landsitze nach innen. Gärten, marmorne Fußböden, Springbrunnen und künstliche Wasserfälle umrahmen Geschäfte ohne Eingangstüren; dazwischen finden sich Cafés, Kinos, Restaurants und Hotellobbys, in denen Livemusik gegeben wird. Und in dieser Servicegesellschaft ist der Kunde König. Nichts von jenen „Was-wollen-Sie-eigentlich-hier-Blicken", die in so manchen europäischen Boutiquen leider an der Tagesordnung sind.
Dank des derzeit günstigen Dollarkurses sind Markenjeans wie Wrangler und Levi's, trendige Sportkleidung, Turnschuhe, CDs und Elektronikgeräte zum Teil erheblich billiger als in Europa. Auch Sportartikel wie Golfschläger, Kosmetik oder Vitaminpillen sind oft preiswerter.
Vorsicht allerdings, die europäischen Zöllner erkennen bei der Rückreise durchaus den Wert eines Golfsets, das man von drüben mitbringt. Geräte mit einem Steckdosenanschluss lassen sich norma-

Shopping ganz nach Gusto: Boutiquen, Westernläden und Malls bieten eine riesige Auswahl, freundliches Personal inklusive

lerweise auf unsere Spannung umstellen oder mithilfe eines Adapters betreiben. Aber erkundigen Sie sich genau, denn nicht alle Elektrogeräte sind vom System her kompatibel.

OUTLETSHOPPING

Fabrikverkauf ist längst auch in Europa bekannt, doch in Amerika gibt es Discountshopping auf der grünen Wiese unabhängig vom Sitz des Herstellers. Großzügig angelegte Outlet-Malls mit manchmal 200 bis 300 einzelnen Markenläden wie Tommy Hilfiger, Levi's, Ralph Lauren, Hollister, Nike oder Timberland stehen meist weitab der größeren Städte an den Interstate-Autobahnen. Dort sind Ladenmiete wie auch Arbeitskräfte billig.

So können die Firmen ihre teils extra für diese Discountläden hergestellten Produkte (vorwiegend Klamotten und Schuhe) sehr preisgünstig abgeben. Oft können Sie beim Infocenter der Outlet-Mall ein **INSIDER TIPP** Couponbuch mit weiteren Vergünstigungen erhalten.

TYPISCH & GUT

Alles, was mit der Cowboykultur zusammenhängt, zählt natürlich zu den begehrten Souvenirs aus dem Westen Amerikas: Stetsonhüte, handgefertigte Stiefel oder Gürtelschnallen etwa. Beliebt sind auch andere Produkte der Region: kleine Kakteen aus dem Südwesten (in Gärtnereien gezogen, denn sie in den Wüstenparks mitzunehmen ist strafbar), Samen für Redwoodbäume oder scharfe Gewürze aus New Mexico. Und auch eine originale Baseballkappe oder ein T-Shirt tun als Mitbringsel gute Dienste.

Oft werden in Orten mit künstlerischem Flair wie Santa Barbara, Santa Fe oder Sedona *arts and crafts fairs* veranstaltet. Hier bekommen Sie – neben viel Kitsch – auch hübsche Malerei, Töpferwaren, selbst gemachte Kaktussalsa und handgefertigten Schmuck von lokalen Künstlern.

DIE PERFEKTE ROUTE

AUF DEM HIGHWAY 1

Zum Auftakt ein Tag in ① *San Francisco* → S. 41: Cable Car fahren, bummeln in Chinatown und an der Fisherman's Wharf. Dann fahren Sie auf dem Highway 1 nach Süden, immer entlang der Küste bis zur alten Hafenstadt Monterey mit einem der weltweit größten Aquarien. Bei Big Sur folgt der schönste Abschnitt des Highway 1, der hier auf hohen Klippen am Pazifik entlangkurvt.

WELCOME TO L. A.

Badepause im charmanten Strandort ② *Santa Barbara* → S. 38, dann tauchen Sie ein in die schier uferlose Supermetropole ③ *Los Angeles* → S. 35. Zwei Tage sollten Sie hier einplanen: einen für die Nobelviertel Santa Monica, Beverly Hills und Hollywood, einen für die Phantasiewelt der Universal Studios oder Disneyland.

IN DIE WÜSTE

Zehnspurig durch L. A., dann über die I-10 und I-15 ostwärts – ab in die Wüste. Einige Outlet-Malls locken am Weg, sonst ist es steinig, einsam und heiß. Endlich erreichen Sie ④ *Las Vegas* → S. 62, die nachts wie ein Juwel funkelnde Glitzerstadt in Nevada mit phantastischen Shows, Kasinos, Pools.

ZUM GRAND CANYON

Nach ein oder zwei (langen) Nächten in Las Vegas geht es weiter: über Kingman und ein Stück der alten Route 66 (sehr schön: Seligman) ostwärts zum ⑤ *Grand Canyon National Park* → S. 60. Zeit für einen Bummel an der Canyonkante und vielleicht einen Rundflug.

ROTE FELSEN UND CANYONS

Durch das riesige, steinige Reservat der Navajos verläuft die Route nach Nordosten: Bei einem Ausritt im filmberühmten ⑥ *Monument Valley* → S. 65 dürfen Sie sich wie John Wayne fühlen, dann geht's weiter an den Oberlauf des Colorado River bei Moab. Wander- oder Jeeptouren in Nationalparks wie Arches oder Canyonlands verdienen hier einige Extratage.

INS MORMONENLAND

Quer durch dürres Wüstenland im Süden von Utah läuft Ihre Route nun weiter nach ⑦ *Salt Lake City* → S. 78, der Hauptstadt der Mormonen. Interessant: eine Führung am Temple Square.

YELLOWSTONE: GEYSIRE UND BISONS

Auf der Weiterfahrt nach Norden lohnt ein Abstecher zum Baden im Great Salt Lake auf Antelope Island (SR 108/127). Weiter nach Wyoming: in die alte Cowboystadt ⑧ *Jackson* → *S. 78* am Fuß der zackigen Grand-Teton-Berge und in den riesigen Yellowstone National Park mit seiner reichen Tierwelt und den schäumenden Geysiren.

AUF NACH SEATTLE

Nun heißt es Meilen fressen: Über Bozeman und Butte (gigantische alte Tagebaumine) fahren Sie immer weiter nach Westen durch Montana, durch die einsamen Wälder von Idaho und die Steppenlandschaften von Washington. Das Ziel: ⑨ *Seattle* → *S. 52*, die Stadt von Jimi Hendrix und Bill Gates.

MOUNT SAINT HELENS

Einen Abstecher verdient auf der Weiterreise nach Süden der Vulkan ⑩ *Mount Saint Helens* → *S. 52* mit seiner Mondlandschaft um den Kraterrand. Zurück am Pazifik können Sie südlich von ⑪ *Astoria* → *S. 45* und im Seebad ⑫ *Newport* → *S. 49* in die Wellen tauchen. Lust auf Lavahöhlen und Kratersee? Dann geht's ins Landesinnere nach ⑬ *Bend* → *S. 46* und zum tiefblauen Crater Lake in den Cascade Mountains.

REDWOODWÄLDER UND WEINGÄRTEN

Letzte Etappe: Hinter der Grenze zu Kalifornien tauchen Sie auf dem Highway 101 in die Urwälder des ⑭ *Redwood National Park* → *S. 34* mit uralten Baumriesen ein, die sich nur um den großen Fischereihafen von ⑮ *Eureka* → *S. 34* etwas lichten. Lieblicher wird es erst wieder, wenn Sie auf dem Highway 29 durch die Weingärten des ⑯ *Napa Valley* → *S. 43* und über die Golden Gate Bridge zurück nach San Francisco fahren.

6700 km. Reine Fahrzeit 82 Std., empfohlende Dauer 28 Tage. Detaillierter Routenverlauf auf dem hinteren Umschlag, im Reiseatlas sowie auf der Faltkarte

KALIFORNIEN

Amerika liegt in Kalifornien! Der mit 38 Mio. Einwohnern bevölkerungsreichste Staat der USA setzt Trends – in Sport und Schuhmode ebenso wie in der wirtschaftlichen und technischen Entwicklung.

Man kann es allerdings auch umgekehrt formulieren: Kalifornien liegt nicht in Amerika. Sollte sich eines Tages die San-Andreas-Spalte so verschieben, dass es zum *Big One,* zum ganz großen Erdbeben kommt, dann sowieso nicht mehr. *The Big One* fürchten viele, die ihre Häuser in die Hänge über Beverly Hills gebaut haben. Und überhaupt ist Los Angeles ein ganz und gar künstliches Gebilde. Wüste müsste sich hier ausbreiten, nicht ein Nebeneinander von Palmenhainen und Swimmingpools. Die Kraft, die es braucht, um das Wasser aus Nordkalifornien über die Tehachapi-Kette nach L. A. zu heben, ist immens – was Wunder, dass der Strom manchmal knapp wird.

Und doch: In dem Moloch entsteht Großartiges. Los Angeles ist die Stadt, in der nach wie vor die besten Filme und Fernsehserien, viele Musikhits und die interessantesten Talkshows produziert werden. Nördlich der Tehachapi-Kette liegt Central Valley, der Garten Amerikas, aus dem die Köche San Franciscos frisches Gemüse und exotisches Obst in bester Qualität beziehen. San Francisco, *The City* sagen ihre Bewohner, als gäbe es keine andere. Südlich davon der aufregende Küstenabschnitt Big Sur, östlich die spektakulären Berge des Yosemite Park, nördlich die gigantischen *redwoods*, vor ihr

Traumziel am Pazifik: dramatische Landschaften, schillernde Megastädte und ein bunter Mix der Bewohner

die Bay und mittendrin sie selber auf ihren 43 Hügeln. Weitere Infos zur Region finden Sie im MARCO POLO „Kalifornien".

DEATH VALLEY

(138–139 C–D 2–3) (🗺 D–E 9–10)
Das unter den Pionieren einst berüchtigte 🔵 Tal des Todes liegt an der Ostgrenze Kaliforniens in der Mojavewüste.

Umrahmt von über 3300 m hohen Bergen, senkt sich das rund 200 km lange Tal bei *Badwater* bis 86 m unter den Meeresspiegel. Es ist der niedrigste Punkt der USA. Und der heißeste Fleck der Erde – bis zu 57 Grad hat man hier schon gemessen. Aussichtspunkte wie ☀ *Zabriskie Point* und ☀ INSIDER TIPP ▶ *Dante's View* bieten fast wie aus der Vogelperspektive herrliche Blicke über die einsamen Canyons und ausgetrockneten Salzseen; der *Artist's Palette Drive* führt zu besonders morgens und abends farbenpräch-

Im Winter traumhaftes Skigebiet, im Sommer Ziel für Wassersportfans: Lake Tahoe

tigen Felsformationen. Aber Vorsicht: Im Hochsommer kann eine Fahrt durch das Tal – geologisch übrigens ein Grabenbruch – zur heißen und daher gefährlichen Tortur werden! Mittelpunkt des Nationalparks mit Motels und Restaurants ist *Furnace Creek. Auskunft: Death Valley Visitor Center | Furnace Creek | Tel. 1 760 7 86 32 00 | www.nps.gov/deva*

EUREKA

(132 A3) (*B7*) **Die alte Holzfällerstadt Eureka (27 000 Ew.) an der Humboldt Bay besitzt den größten Fischereihafen an der Nordküste Kaliforniens, sehenswert sind vor allem die restaurierten viktorianischen Villen von Old Town, z. B. die Carson Mansion.**

Nördlich und südlich des Orts dehnen sich eindrucksvolle Redwoodwälder entlang der US 101 und an der rund 50 km langen Panoramastraße ❋ *Avenue of the Giants.* Gut essen kann man im *Sa-*

moa Cookhouse (Cookhouse Road | Tel. 1 707 4 42 16 59 | €). Die einstige Kantine eines Holzfällercamps ist heute Restaurant und Museum der legendären *lumberjacks* zugleich.

ZIEL IN DER UMGEBUNG

REDWOOD NATIONAL PARK
(132 A3) (*B6*)
Entlang der Küste 25 km nördlich von Eureka schützt dieser gut 400 km² große Park die letzten alten Redwoodbestände. Schön zum Wandern sind die *Lady Bird Johnson Grove* und der wie ein Regenwald von sattem Grün überwucherte INSIDER TIPP ▶ *Fern Canyon. Visitor Center in Orick*

LAKE TAHOE

(132 C4) (*C8*) **Mit 35 km Länge gilt der 1900 m hoch gelegene, von Bergen umrahmte See, der zum Teil in Ka-**

lifornien und zum Teil in Nevada liegt, als größter Bergsee Nordamerikas – ein Paradies für Wassersportler, Wanderer und Skifahrer in der Sierra Nevada.

Am Ostufer gibt es schöne Badeströnde wie **INSIDER TIPP** *Zephyr Cove*. Das schmale Südufer ist dicht bebaut und lockt mit Kasinos in Stateline zahlreiche Wochenendgäste an. Am dicht bewaldeten Westufer entzückt vor allem der Blick über die *Emerald Bay*, während in den Bergen am Nordrand gute Skigebiete liegen, z. B. *Squaw Valley*, der Olympiaort von 1960. Infos über Aktivitäten bekommen Sie bei der *Lake Tahoe Visitors Authority (3066 Lake Tahoe Blvd. | South Lake Tahoe | Tel. 1541 5 41 52 55 | www.visitinglaketahoe.com).*

Schön für Lunch oder Dinner ist die *Sunnyside Lodge (1850 W Lake Blvd. | Tahoe City | Tel. 1530 5 83 72 00 | www. sunnysidetahoe.com | €€–€€€)* am Norduferr, die auch 23 Zimmer vermietet.

LOS ANGELES

(138 C4–5) (*D11*) **Der Begriff Großstadt wäre für Los Angeles schlicht untertrieben. L. A. ist ein urbaner Albtraum, ein Stadtmonster im Schnittpunkt zwischen Erster und Dritter Welt – nicht zuletzt deshalb regieren hier auch immense Schaffenskraft und Kreativität.** Rund 18 Mio. Menschen leben heute in der Superstadt, sie fahren auf zehnspurigen Autobahnen, arbeiten in Filmstudios, Ölraffinerien und Computerfirmen. Das Bruttosozialprodukt der Stadt ist größer als das ganz Australiens.

Doch Los Angeles, das 1781 als spanischer Kolonialposten in der weiten Küstenebene am Fuß der San Gabriel Mountains gegründet wurde, ist viel mehr als das, was diese Zahlen und Wirtschaftsdaten zum Ausdruck bringen. Der Name L. A.

ist gleichbedeutend mit dem Lebensgefühl der West Coast, des Lands der Jogger und Surfer, der Hippies und Yuppies. Seit vor 80 Jahren die Filmindustrie von der Ostküste hierherzog, wurde Hollywood zur Traumfabrik für Millionen Zuschauer weltweit. Weitere Infos zu L. A. finden Sie im MARCO POLO „Los Angeles".

SEHENSWERTES

BEVERLY HILLS
Die noble Wohnstadt der Stars in den Hügeln westlich von Hollywood ist nach wie vor eines der besten Viertel, geteilt vom *Santa Monica Boulevard*: Nördlich liegen die Villen der Reichen und Schönen, südlich das Geschäftsviertel mit dem berühmten, superteuren *Rodeo Drive*.

⭐ **Getty Center**
Postmoderner Bau für die hohe Kunst in Los Angeles → S. 36

⭐ **Venice Beach**
L. A.s Strandpromenade: locker, verrückt und typisch kalifornisch → S. 37

⭐ **Monterey Bay Aquarium**
Spektakulärer Blick in die Tiefen des Pazifiks → S. 38

⭐ **Pacific Coast Highway 1**
Die Traumstraße der Welt entlang der Steilklippen → S. 38

⭐ **Telegraph Hill**
San Franciscos bester Aussichtshügel → S. 41

⭐ **Yosemite National Park**
Wanderparadies und traumhafter Nationalpark → S. 43

MARCO POLO HIGHLIGHTS

DOWNTOWN

Rund um den *Pershing Square* wachsen neuerdings verstärkt postmoderne Wolkenkratzer und Avantgardebauten wie das *Museum of Contemporary Art (MOCA) (Do–Mo 11–17, Do bis 20, Sa/So bis 18 Uhr | Eintritt 12 $ | 250 S Grand Av. | www.moca.org)* von Arato Isozaki. Hier stehen auch das *Music Center* mit dem spektakulären Neubau der *Walt Disney Concert Hall* von Frank Gehry und das aus vielen Filmen bekannte *Rathaus* von Los Angeles. Schön für Musikfans ist das neue *Grammy Museum (tgl. 11.30–19.30, Sa/So ab 10 Uhr | Eintritt 13 $ | 800 W Olympic Blvd. | www.grammymuseum.org):* vier Stockwerke interaktive Ausstellungen und viel Musik zum Reinhören.

GETTY CENTER ⭐ 🌿

Allein der Bau ist die Anfahrt wert: Das 1 Mrd. Dollar teure Getty Center von Richard Meier liegt in beherrschender Lage über L. A. Bekannt ist das reichste Kunstmuseum der Welt u. a. für seine Antikensammlung, mittelalterlichen Manuskripte und impressionistischen Gemälde wie

CITY ► WOHIN ZUERST?

Das beste L. A.-Feeling haben Sie an der Promenade von **Santa Monica**, das offiziell gar nicht zu Los Angeles gehört (Parkhaus: Broadway/ 4th Street). In der Nähe liegt der Palisades Park auf den Klippen über dem Pazifik. Per Rad, Auto oder Bus (blaue Linie 1 und 2) geht's weiter nach Venice Beach an den verrücktesten Strand von ganz Los Angeles.

Van Goghs „Iris" sowie Fotografien. *Di–So 10–17.30, Sa 10–21 Uhr | Eintritt frei, Parkgebühr 15 $ | 1200 Getty Center Drive | Anfahrt über I-405*
Die berühmte Antikensammlung des Museums ist in der *Getty Villa (Mi–Mo 10–17 Uhr | 17985 Pacific Coast Highway | www.getty.edu)* am Meer untergebracht.

HOLLYWOOD

Die Studios sind in die Vororte gezogen, die Filmstadt lebt von ihrem Mythos. Zu sehen sind das *TCL Chinese The-*

Getty Center in Los Angeles: Hier begeistern neben der Kunst auch Architektur und Ausblick

atre mit den Hand- und Fußabdrücken der Stars im Innenhof, das *Dolby Theatre (tgl. Führungen)*, in dem die Oscars vergeben werden, und die in den Gehsteig des *Hollywood Boulevard* eingelassenen Sterne mit den Namen der Hollywoodgrößen. Die *Universal Studios (www. universalstudioshollywood.com)* bieten Studiotouren, effektvolle Stuntshows, Achterbahnen und Filmattraktionen.

VENICE BEACH ★
Die Strandpromenade südlich von Santa Monica, der *Ocean Front Walk,* ist – vor allem an den Wochenenden – eine Bühne der Rollschuhartisten, Beachboys und schicken Girls.

Universal: Erlebnispark der Filmwelt

ESSEN & TRINKEN

THE FARM
Bistro mit *California Cuisine. 439 N Beverly Drive | Beverly Hills | Tel. 1310 2 73 55 78 | €€*

MEL'S DRIVE-IN
Echt amerikanischer Coffeeshop mit Burgern und Milkshakes. Hollywood-Filmmuseum im gleichen Haus. *1660 Highland Av. | Hollywood | €–€€*

MERCEDES GRILLE
Flippiges Szenelokal am Strand von Venice. *14 Washington Blvd. | Tel. 1310 8 27 62 09 | €*

EINKAUFEN

Die großen Malls sind ein Erlebnis für sich, z. B. der *Santa Monica Place (315 3rd Street | Broadway)*. Zum Bummeln aber sind die von Boutiquen und verrückten Läden gesäumte *Melrose Av.* in West Hollywood, die *Third Street* in Santa Monica, die *Main Street* in Venice oder **INSIDER TIPP ▶** *The Grove* neben dem Los

Angeles Farmers' Market zu empfehlen. Hier wartet ein bunter Mix aus Erlebnisrestaurants, Edelboutiquen und skurrilen Shops auf Sie. Die beste Auswahl für Outdoorfans bietet *Patagonia (1344 Forth Street | Santa Monica)* mit hochwertiger Freizeit- und Sportkleidung. Dazu gibt es im Shop Infos über ♻ Ökoprojekte in Südkalifornien.

AM ABEND

Zentrum des Nachtlebens ist West Hollywood. Szenetreffs sind hier etwa *The Viper Room (8852 Sunset Blvd.)* oder die ultraschicke *Skybar (im Mondrian Hotel | 8440 Sunset Blvd.)*. Liverock hören Sie im *Roxy (9009 Sunset Blvd.)*, guten Blues im *House of Blues (8430 Sunset Blvd.)*.

ÜBERNACHTEN

SEA SHORE MOTEL
Sympathisches Motel mitten im Trubel. *19 Zi. | 2637 Main Street | Santa Monica | Tel. 1310 3 92 27 87 | www. seashoremotel.com | €€*

SHUTTERS ON THE BEACH
Luxus im 1920er-Jahre-Stil, am Strand. *198 Zi. | One Pico Blvd. | San-*

ta Monica | Tel. 1310 4 58 00 30 | www. shuttersonthebeach.com | €€€

AUSKUNFT

LOS ANGELES VISITORS BUREAU
6801 Hollywood Blvd. | Hollywood | Tel. 1323 4 67 64 12 | www. discoverlosangeles.com

ZIELE IN DER UMGEBUNG

DISNEYLAND (138 C5) (*D11*)
1955 eröffnete Walt Disney in Anaheim seinen ersten Vergnügungspark – der Prototyp für solche Parks weltweit. Bis heute hat das 34 ha große Reich von Micky Maus & Co. nichts von seinem Zauber verloren. Nebenan steht inzwischen ein weiterer Themenpark: *Disney's California Adventure*. Im Sommer tgl. ab 8 Uhr | Eintritt 92 $ | www.disneyland.com

PALM SPRINGS (139 D5) (*D*)
Zwei Stunden Fahrt östlich von L. A. liegt am Rand der Wüste das Ferienparadies (42 000 Ew.) der Hollywoodprominenz, die vor allem im Winter zum Golf- und Tennisurlaub hierherkommt. Cafés, Galerien und Läden reihen sich am ● *Palm Canyon Drive*. In den Hügeln nördlich der Stadt lädt der **INSIDER TIPP** *Joshua Tree National Park* zum Wandern ein. Bizarre Felsformationen und riesige Yuccabäume säumen die Trails im Park.

SANTA BARBARA (138 B4) (*E11*)
Rund zwei Stunden Fahrt nördlich von L. A. gelegen, zählt die altspanische Missionsstadt (92 000 Ew.) zu den beliebtesten Ferienorten Kaliforniens. Hier erwarten Sie außer der schönen, 1820 errichteten *Mission Santa Barbara* rund 50 km lange Sandstrände und ein in charmantem Kolonialstil erbautes Geschäftsviertel um die *State Street*, während an *Stearns Wharf* mit Skatern und Surfern das Beachlife der kalifornischen Riviera tobt. Eine halbe Fahrstunde landeinwärts laden in *Santa Ynez Valley* exzellente Weingüter zur Verkostung.

MONTEREY PENINSULA

(132 B6) (*B9*) **Die große, zypressenbestandene Halbinsel südlich von San Francisco ist eines der schönsten und teuersten Fleckchen Kaliforniens.**
Am ☀ 17-Mile-Drive (gebührenpflichtig), der um die Halbinsel führt, reihen sich Golfplätze und elegante Country-Clubs aneinander – immer wieder neue atemberaubende Ausblicke auf die Küste. *Monterey* (32 000 Ew.) war bis 1850 die spanisch-mexikanische Hauptstadt Kaliforniens und birgt zahlreiche Adobegebäude aus spanischer Zeit. Hier liegt auch die aus John Steinbecks Roman „Cannery Row" bekannte „Straße der Ölsardinen". Dieses alte Viertel der Konservenfabriken ist heute ein beliebtes Touristenziel mit dem ★ ☺ *Monterey Bay Aquarium (www.montereybayaquarium. org),* das sehr eindrucksvoll die reiche Unterwasserwelt vor der Küste zeigt. Die Forscher des Aquariums sind auch tonangebend für die nachhaltige Fischerei, wie Ausstellungen bezeugen. Am Südende der Halbinsel liegt die ehemalige Künstlerkolonie *Carmel* mit herrlichem Strand und vielen Kunstgalerien.

ZIEL IN DER UMGEBUNG

PACIFIC COAST HIGHWAY 1 ★ ☀
(132 B6–138 B4) (*B9–C11*)
Der schmale und kurvenreiche Highway 1 von Monterey über Big Sur nach Süden bis San Luis Obispo zählt zu den schöns-

Eine der vielen herrlichen Buchten entlang des legendären Pacific Coast Highway 1

ten Küstenstraßen der Welt. Bis heute ist die dramatische Steilküste mit ihren malerischen Buchten und umtosten Klippen kaum erschlossen. Nur in der Nähe des Orts *Big Sur* wohnen einige – meist betuchte – Aussteiger. Und ganz im Süden bei *San Simeon* baute sich der Zeitungszar William R. Hearst ein monumentales Schloss in die Berge, *Hearst Castle*, das heute samt seiner europäischen Kunstschätze als Museum zu besichtigen ist. Noch eine Warnung: Im Sommer herrscht an der Küste oft dichter Nebel!

SACRAMENTO

(132 B5) (*ω C8*) Die Hauptstadt Kaliforniens (2,5 Mio. Ew.) im Herzen des fruchtbaren Central Valley ist trotz ihrer Größe in ihrem Wesen eine brave, behäbige Farmerstadt geblieben.
Dabei war ihre Jugend recht bewegt: Der Schweizer Johann Sutter – später als Ro-

manfigur zum „Kaiser von Kalifornien" stilisiert – gründete hier 1839 die erste Siedlung. Wenig später entdeckte sein Vorarbeiter James Marshall in der Sierra Nevada Gold, und 1854 wurde Sacramento zur Hauptstadt des neuen US-Staats Kalifornien. Von der Zeit des Goldrauschs zeugt noch das hübsch restaurierte *Old Sacramento.* Sehenswert sind außerdem das rekonstruierte *Sutter's Fort,* das *Crocker Art Museum* und das *California State Railroad Museum,* eines der größten Eisenbahnmuseen der USA. Auskunft: *Sacramento Visitors Bureau (1002 2nd Street | Old Town | Tel. 1916 4 42 76 44 | www.visitsacramento.com)*

ZIEL IN DER UMGEBUNG

INSIDER TIPP GOLD COUNTRY
(132 C5) (*ω C8–9*)
Wie Perlen auf einer Schnur reihen sich am Highway 49 rund eine Autostunde östlich von Sacramento die Städtchen

Delphine sind in Sea World die absoluten Publikumslieblinge

aus der Goldrauschzeit auf: *Nevada City* und *Coloma,* wo James Marshall das erste Gold entdeckte, *Sutter Creek* mit hübschen viktorianischen Häusern und die Museumsstadt *Columbia*.

SAN DIEGO

(139 D5–6) (⌘ D12) **An der geschützten San Diego Bay lag einst die Wiege Kaliforniens. Hier gründeten die spanischen Padres ihre erste Mission. Doch erst in den 1990ern ist San Diego zur zweitgrößten Stadt Kaliforniens (3,2 Mio. Ew.) und zum Touristenziel aufgestiegen.**

Es locken das sonnige, auch im Winter angenehm warme Klima, zahlreiche Golfplätze und hübsche Strandvororte wie *La Jolla* oder *Coronado*. Sehenswert sind der *Balboa Park* mit zahlreichen Museen, das ☘ *Cabrillo National Monu-*

ment, die restaurierte *Old Town* aus spanischer Zeit und das quirlige Restaurant- und Nachtlebenviertel *Gaslamp Quarter* in der Innenstadt. Gleich nebenan lädt hier die ebenfalls sehenswerte, postmodern gestaltete *Horton Plaza* zum Shoppingbummel ein.

SEHENSWERTES

SAN DIEGO ZOO ☺
Einer der besten Tiergärten der Welt: Gorillas, Tiger, Pandas. Vorbildhaft ist die artgerechte Haltung der rund 4000 Tiere. *Tgl. 9–16 Uhr, im Sommer länger | Eintritt 46 $ | Balboa Park | www.sandiegozoo.org*

SEA WORLD
Das größte Ozeanarium der Welt mit hervorragender Arktisausstellung, künstlichem Korallenriff und Delphinshows. *Tgl. 9–23, im Winter 10–17 Uhr | Eintritt 84 $ | Pacific Beach | www.seaworld.com*

USS MIDWAY
Zwar recht martialisch, aber der riesige Flugzeugträger ist beeindruckend – auch im Ruhestand. Mit Museum, Führungen. *Tgl. 10–17 Uhr | Eintritt 20 $ | Navy Pier | 910 N Harbor Drive | www.midway.org*

ESSEN & TRINKEN

TOP OF THE MARKET ☘
Feine Fischgerichte mit Hafenpanorama im Obergeschoss, günstiger ist der *Fish Market* unten. *750 N Harbor Drive | Tel. 1619 2 32 34 74 | €€–€€€*

ÜBERNACHTEN

HOTEL DEL CORONADO
Fotogenes Strandhotel von 1888. Bereits Drehort für den Film „Manche mögen's heiß". *688 Zi. | 1500 Orange Av. | Corona-*

do | Tel. 1619 4 35 66 11 | www.hoteldel.com | €€€

DAYS INN HOTEL CIRCLE

Einfach, aber gut gelegen nahe Sea World. *280 große Suitezimmer | 543 Hotel Circle S | Tel. 1619 2 97 88 00 | www.daysinn.com | €*

AUSKUNFT

SAN DIEGO VISITOR CENTER

1140 N Harbor Drive | Tel. 1619 2 36 12 12 | www.sandiego.org

SAN FRANCISCO

(132 B5) (☍ B9) ☼ **Die grandiose Lage auf einer hügeligen Halbinsel zwischen Pazifik und San Francisco Bay, die imposante Golden Gate Bridge (1937), die eleganten viktorianischen Häuser, das Flair einer Vielvölkerstadt – hier lässt es sich aushalten.**

Die Stadt hat es weit gebracht seit ihren bescheidenen Anfängen 1776 als spanische Missionsstation. 825 000 Menschen (im Großraum 8,3 Mio.) leben heute am Golden Gate. San Francisco beeindruckt vor allem durch die bunten, höchst unterschiedlichen Viertel: *Union Square* und *Market Street* sind das Geschäftszentrum, an der *Montgomery Street* türmen sich die Glaspaläste der Hochfinanz. *Haight Ashbury* ist das alte Viertel der Hippiegeneration. Der *Castro District* gehört den Schwulen und *Fisherman's Wharf* den Touristen.
Den besten Überblick verschaffen Sie sich vom ★ ☼ *Telegraph Hill* im Stadtzentrum oder von den 270 m hohen ☼ *Twin Peaks*. Nicht fehlen darf natürlich eine Fahrt mit einem der gut hundert

Jahre alten *Cable Cars*, deren drei Linien im Zentrum verkehren. Weitere Infos finden Sie im MARCO POLO „San Francisco".

WOHIN ZUERST?

CITY Der **Union Square** ist das Herz der Stadt. Hier können Sie shoppen, ein Cable Car besteigen oder weiter durch Chinatown zum Coit Tower und zur Fisherman's Wharf gehen. Auch das Museum of Modern Art und die Market Street, an der Busse, Metro, Cable Cars und die F-Linie fahren, sind nicht weit entfernt. Parkhaus: Mission Street zwischen 4th und 5th Street.

SEHENSWERTES

INSIDER TIPP ASIAN ART MUSEUM

Das neueste unter den vielen Museen der City zeigt eine riesige Sammlung fernöstlicher Kunst. *Di–So 10–17, Do bis 21 Uhr | Eintritt 12 $ | 200 Larkin Street | www.asianart.org*

CHINATOWN

Die acht Straßenzüge beiderseits der Grant Avenue sind das Herz der größten chinesischen Siedlung Amerikas mit Delikatessenläden, Tempeln und guten Restaurants!

FÄHRE NACH SAUSALITO ☼

Ein schöner Ausflug über die San Francisco Bay mit Blick auf die Stadt und das Golden Gate. Und – im Vergleich zu den Ausflugsschiffen – relativ preiswert. *Ticket 10,25 $ | Abfahrt vom Ferry Building am Beginn der Market Street*

GOLDEN GATE PARK

Der 4 km² große Stadtpark ist über 100 Jahre alt und besitzt schöne Grünflächen,

SAN FRANCISCO

den hübschen *Japanischen Teegarten* und gleich mehrere gute Museen: Gemälde und Skulpturen finden Sie in dem von Herzog & de Meuron neu gestalteten *De Young Museum,* Naturgeschichtliches in der ebenfalls neu eröffneten ● ☺ *California Academy of Sciences,* die nach vorbildlich ökologischen Gesichtspunkten errichtet wurde und u. a. eine großartige Regenwaldausstellung beherbergt.

stück. *601 Union Street | Tel. 1415 775 48 77 | €–€€*

In den Kaufhäusern und Malls an *Union Square* und *Market Street* gibt es gute, günstige Kleidung. Souvenirs finden Sie vor allem an der *Fisherman's Wharf.* Schön für einen Bummel ist der Markt

Legendär und inzwischen unter Denkmalschutz: Cable Car in San Francisco

ESSEN & TRINKEN

MCCORMICK & KULETO'S ☼
Großes Fischrestaurant mit einem fabelhaften Blick über die San Francisco Bay. *Ghirardelli Square | Tel. 1415 929 17 30 | €€–€€€*

ORIGINAL JOE'S
Klassisches Italo-Lokal im Trubel von North Beach. Guter Fisch, gutes Früh-

im renovierten *Ferry Building* am Fuß der Market Street. Samstags ist hier ☺ *Farmers' Market* mit Ökobauern der Region und Biokost an vielen Fressbuden.

STADTTOUREN

Halbtagestouren per Bike über die Golden Gate Bridge mit Rückkehr per Fähre von Sausalito veranstaltet *Bay City Bike (2661 Taylor Street | Fisherman's Wharf |*

Tel. 1415 3 46 24 53 | www.baycitybike.com), auch Radvermietung. *Electric Tour Company (757 Beach Street | Tel. 1415 4 74 31 30 | www.electrictourcompany.com)* fährt mit Segways an der Fisherman's Wharf – für Fortgeschrittene auch auf den steilen Hügeln der City.

AM ABEND

Neben den etablierten Bars von North Beach hat sich um das Kunstzentrum *Yerba Buena Gardens* eine neue Szene entwickelt, zu finden in dem alten Lagerhallenbezirk von *South of Market*.

ÜBERNACHTEN

INSIDER TIPP ▶ **THE GOOD HOTEL** ☺

Preiswertes, junges Ökohotel im etwas trashigen Szeneviertel SoMa. *117 Zi. | 112 7th Street | Tel. 1415 6 21 70 01 | www.thegoodhotel.com | €*

RITZ CARLTON

Alles vom Feinsten: luxuriöses Grandhotel in bester Lage nahe Union Square. Restaurant mit exquisiter Weinkarte. *336 Zi. | 600 Stockton Street | Tel. 1415 2 96 74 65 | www.ritzcarlton.com | €€€*

AUSKUNFT

VISITOR INFORMATION CENTER

Hallidie Plaza | Market/Powell Street | Tel. 1415 3 91 20 00 | www.sanfrancisco.travel

ZIEL IN DER UMGEBUNG

NAPA VALLEY (132 B4–5) *(⫞ B8)*

Rund 100 km nordöstlich von San Francisco liegt das berühmteste Weinanbaugebiet Amerikas. Die Weinkellereien entlang des Highway 29 bieten Führungen *(z. B. bei Robert Mondavi* in Rutherford*)* und Weinproben. *www.napavalley.com*

YOSEMITE NAT. PARK

🔆 **KARTE IM HINTEREN UMSCHLAG** (132–133 C–D5) *(⫞ C–D9)* ⭐ **Im Sommer tobt der touristische Rummel im Yosemite Valley, dem Kernstück des beliebtesten Nationalparks der USA.**

Trotzdem ist der bereits 1890 gegründete Nationalpark die Reise wert: 3080 km² grandiose Bergwelt am Grat der High Sierra mit bis zu 1 km tiefen, einst von den Gletschern ausgeschabten Tälern und zahlreichen Wasserfällen wie z. B. den 739 m hohen *Yosemite Falls.* Abseits der Straßen wird es auf dem gut ausgebauten Netz der Wanderwege schnell ruhiger. Versuchen Sie es mit einer Tagestour ausgehend von der 🌺 INSIDER TIPP ▶ *Tioga Pass Road* oder mit einer Fahrt zum 🌺 *Glacier Point.* Im *Mariposa Grove* am Südeingang ist ein Hain mit bis zu 3000 Jahre alten Mammutbäumen zu erwandern (geführte Bustouren). *Infos über Tel. 1 209 3 72 02 00 | www.nps.gov/yose*

LOW BUDGET

▶ ● Ins Fernsehen zu kommen ist in Hollywood nicht schwer – als Zuschauer. Für die TV-Shows werden ständig Teilnehmer gesucht. Kostenlose Tickets: *www.tvtix.com* oder *www.tvtickets.com.*

▶ Fragen Sie in San Francisco und L. A. nach dem *CityPass,* in San Diego nach der *Go San Diego Card* und in Sacramento nach der *Sacramento Gold Card,* und sparen Sie bis zu 50 Prozent der Eintrittsgebühren.

DER NORDWESTEN

Ganz oben links, way over yonder, wie die Amerikaner sagen, was soll da noch sein? Der Sprung hinauf nach Oregon und in den Staat Washington ist von Kalifornien aus enorm groß und bringt Sie in eine ganz andere Welt.

Portland ist eine liebenswerte, für amerikanische Verhältnisse fast kleine Metropole mit einer sympathischen Innenstadt. Und das erst 1851 gegründete Seattle liegt einfach einzigartig: an einer tiefen, zerklüfteten Bucht voller Inseln am Fuß des schneebedeckten Mount Rainier. Nur: Regnerisch ist es in Seattle wie auch in Portland im Vergleich zum ewig sonnigen Kalifornien.

Den Weg ins Hinterland öffnet der mächtige Columbia River. Nördlich von ihm liegt der Mount Saint Helens, der Vulkan, der am 18. Mai 1980 ohne Vorwarnung ausbrach, sich dabei selber um 415 m kleiner machte und eine heute noch überdeutlich erkennbare Schneise von bald 450 km^2 schlug. Nebenan gelegene Gipfel wie der Mount Hood und der Mount Adams sind immer noch hoch genug, um fast ganzjähriges Skifahren zu ermöglichen. Das erlaubt allen Sportfans, morgens auf dem Surfbrett über die Weite des Columbia River zu schießen und nachmittags Ski zu laufen – eine wohl einmalige Kombinationsmöglichkeit.

Die Berge wiederum schützen das Hinterland jenseits der Cascade Mountains vor den Regenwolken des Pazifiks. Daher dehnen sich im Osten Wüsten und dürre Steppen aus, die zum Blühen ge-

**Wo die Jumbos das Fliegen lernen:
Der pazifische Nordwesten glänzt mit Vulkan-
bergen, Urwäldern und wilden Küsten**

bracht werden, sobald sie bewässert werden. Die Wirtschaftskraft der Region liegt
im Westen der Berge: Boeing in Seattle
etwa oder Nike in Portland – und der Er-
folg des Sportartikelherstellers ist nicht
zuletzt den outdoorbegeisterten Menschen des Lands zuzuschreiben.

ASTORIA

(126 A3) *(û B3)* **Die 1810 vom Pelz-
händler John Jacob Astor gegründete**
**Hafenstadt (10 000 Ew.) an der Mün-
dung des Columbia River ist die älteste
Siedlung der Europäer im Nordwesten.**
Sehenswert: das restaurierte *Fort Clatsop*
aus der Pelzhändlerzeit und das *Columbia River Maritime Museum* mit Ausstellungen über die Seefahrt im Nordpazifik. Einen Stopp verdient auch der
beliebte ☺ *Sonntagsmarkt* in der Altstadt, auf dem neben Biogemüse auch
viel Kunsthandwerk, Keramik und Holzar-
beiten angeboten werden. Empfehlens-
wert als B-&-B-Inn ist der gepflegte *Rose*

Inmitten des Crater Lake ragt ein bewachsener Vulkankegel aus dem tiefblauen Wasser

River Inn (5 Zi. | 1510 Franklin Av. | Tel. 1503 3 25 71 75 | www.roseriverinn.com | €–€€) in einem Haus von 1912 am Hang oberhalb der Altstadt.
Auskunft: *Astoria Chamber of Commerce (111 W Marine Drive | Tel. 1503 3 25 63 11 | www.oldoregon.com)*

ZIEL IN DER UMGEBUNG

CANNON BEACH ⭐ (126 A3) (⌀ B3)

Das 1600-Seelen-Dorf gut 30 km südlich von Astoria besitzt vielleicht die schönste Lage an der Nordwestküste: Vor den langen Stränden ragen mächtige Monolithen auf. Wahrzeichen ist der *Haystack Rock* (80 m). Im Ort selbst locken Kunstgalerien, Cafés und witzige Boutiquen. Die besten Blicke auf die Küste bietet der 🌿 INSIDER TIPP *Ecola State Park* (Wanderwege).

BEND

(126 C5) (⌀ C5) **Der beliebte Erholungsort Bend (180 000 Ew.), am sonnigen Ostrand der Cascade Mountains gelegen, ist die größte Stadt in Zentraloregon.**

Ringsum wartet unberührte Natur: im Westen die Seen entlang des 140 km langen 🌿 *Cascade Lakes Highway,* im Osten die imposanten Lavahöhlen und Krater des *Newberry National Volcanic Monument.* Mit mehreren Skigebieten für den Winter und vielen Bike-Trails, Reitställen und Raftingfirmen für den Sommer ist der Ort ein beliebtes Zentrum für Aktivurlauber. Infos im *Lava Lands Visitor Center (am Highway 97).*

SEHENSWERTES

HIGH DESERT MUSEUM

Großzügiger Museumskomplex mit hervorragenden Ausstellungen zur Pionier- und Naturgeschichte. *Tgl. 9–17 Uhr | Eintritt 15 $ | an der US 97, 10 km südlich | www.highdesertmuseum.org*

ESSEN & TRINKEN

TUMALO FEED COMPANY

Uriges Westernlokal mit den besten Steaks diesseits von Dodge City. Livemu-

ge  Ringstraße umrundet den steil abfallenden Kraterrand. Wanderwege führen zu umliegenden Gipfeln *(z. B. The Watchman)* und üppig blühenden Bergwiesen. Ein Übernachtungstipp: die historische *Crater Lake Lodge (Mai–Okt. | Tel. 1541 5 94 22 55 | www.craterlakelodges. com | €€)* direkt am Kraterrand.

COLUMBIA RIVER GORGE

(126 B–C 3–4) *(ₘ C–D4)* **Östlich von Portland bricht der wasserreiche Columbia River in einer weiten und gut 100 km**

sik am Wochenende. *64619 W Highway 20 | Tel. 1541 3 82 22 02 | €€*

ÜBERNACHTEN

OLD SAINT FRANCIS SCHOOL
Übernachten in einer einstigen katholischen Schule – heute mit Kino, Braukneipe, Musikbühne und Bäckerei. *19 Zi. | 700 NW Bond Street | Tel. 1541 3 82 51 74 | www.mcmenamins.com | €€–€€€*

THE RIVERHOUSE
Solides, großes Motel mit Blick auf den Fluss und gutem Restaurant. *220 Zi. | 3075 N Highway 97 | Tel. 1541 3 89 31 11 | www.riverhouse.com | €€*

ZIEL IN DER UMGEBUNG

CRATER LAKE NATIONAL PARK ★
(126 B6) *(ₘ C5)*
Rund 160 km südlich von Bend leuchtet hoch in den Cascade Mountains der vor fast 7000 Jahren durch einen gewaltigen Vulkanausbruch entstandene Kratersee wie ein tiefblaues Riesenauge (im Sommer Bootsfahrten). Eine 50 km lan-

langen Felsenschlucht durch die Cascade Mountains.

Zahlreiche Wasserfälle tosen aus den Bergen herab, darunter die eindrucksvollen, 189 m hohen *Multnomah Falls*. Schönste Ausblicke bietet eine Fahrt auf dem ☼ Columbia Gorge Scenic Highway (US 30) am Südufer. Der Ort ★ *Hood River* (6500 Ew.) ist ein Surfmekka, da die Winde der Schlucht ideale Bedingungen zum Wind- und Kitesurfen schaffen. Seit einigen Jahren kommen in das früher nur für den Obstanbau bekannte Tal auch die Weinliebhaber. Kellereien wie *Hood River Vineyards* und *Cathedral Ridge Winery* produzieren sehr gute Riesling-, Merlot- und Cabernetweine (Verkauf und Verkostung).

SEHENSWERTES

BONNEVILLE LOCK AND DAM
Ausstellungen über die Energiegewinnung und Unterwasserfenster zum Beobachten der Lachse, für die eine Fischleiter eingerichtet wurde. *An der I-84, Exit 40*

ÜBERNACHTEN

HOOD RIVER HOTEL
Historisches, charmant renoviertes Hotel. *41 Zi. | 102 Oak Av. | Hood River | Tel. 1541 3 86 19 00 | www.hoodriverhotel. com | €–€€*

FLORENCE

(126 A5) (🗺 B5) **Die Attraktion des 7000-Einwohner-Städtchens Florence an Oregons Küste sind die rund 75 km langen Oregon Dunes südlich des Orts.** Der Dünenstreifen, der sich bis zu 100 m hoch auftürmt, ist ein Paradies für Strandwanderer und Offroadfans, die in *dune buggies* über den Sand flitzen. Nördlich davon beginnt die dramatische ☼ Steilküste Oregons mit zahlrei-

Sea Lion Caves: An manchen Tagen kommen bis zu 200 Seelöwen in die Höhle

chen Leuchttürmen. Viele von ihnen sind restauriert und zu besichtigen. Den besten Fisch – gegrillt und gekocht – erhalten Sie im ☺ *Waterfront Depot (1252 Bay Street | Tel. 1541 9 02 91 00 | €–€€)* im alten Bahnhof mit schöner Terrasse am Fluss. Auf der Karte stehen Biofleisch und Fisch aus nachhaltigem Fang.

TOUREN

SANDLAND ADVENTURES
Geführte Touren in die Sanddünen und Vermietung von Buggys. *Am Highway 101 südlich von Florence | Tel. 1541 9 97 80 87 | www.sandland.com*

ZIEL IN DER UMGEBUNG

SEA LION CAVES (126 A5) (*⬧ B5*)
Die einzige Kolonie auf dem Festland, wo sich das ganze Jahr über Seelöwen geschützt in einer riesigen Höhle tummeln. Hinab in die Höhle geht's per Aufzug. *Tgl. 9–17.30 Uhr | Eintritt 14 $ | 18 km nördlich am Highway 101*

GRANTS PASS

(126 B6) (*⬧ B6*) **Die von bewaldeten Bergen umgebene Kleinstadt (25 000 Ew.) ist vor allem ein guter Startpunkt für Bootstouren durch die Schlucht des Rogue River (Abfahrten auch von Gold Beach).**
Östlich liegen Oregons Kulturmekka *Ashland*, in dem jeden Sommer ein Shakespearefestival stattfindet, und das restaurierte Goldgräberstädtchen *Jacksonville*. Das *Jacksonville Inn (8 Zi. | 175 E California Street | Tel. 1541 8 99 19 00 | www.jacksonvilleinn.com | €€)* ist ein prächtig renoviertes viktorianisches Hotel mit hervorragender Küche. Auskunft: *Grant Pass Welcome Center | 198 SW G Street | Grants Pass | 1541 4 71 64 60 | www.visitgrantspass.org*

ZIEL IN DER UMGEBUNG

OREGON CAVES NATIONAL MONUMENT (126 A6) (*⬧ B6*)
Im Marmorgestein des Mount Elijah hat das Grundwasser im Lauf der Zeit große Tropfsteinhöhlen ausgewaschen (Führungen). *Eine Stunde Fahrt südlich von Grants Pass*

NEWPORT

(126 A4) (*⬧ B4*) **Die alte Hafenstadt (9500 Ew.) – seit über 100 Jahren ein beliebtes Seebad – liegt an der Küste Oregons südwestlich von Portland.**
Zahlreiche Attraktionen für Kinder, gute Hotels und eine hübsche viktorianische Altstadt um den Bay Boulevard am Hafen locken jeden Sommer die Besucherströme an. Das **INSIDER TIPP** *Oregon Coast Aquarium (tgl. 9–18, im Winter 10–17 Uhr | Eintritt 19 $ | 1820 SE Ferry Slip Road | aquarium.org)* präsentiert hervorragend die Unterwasserwelt im Pazifik.
Perfekt für waschechte Biertrinker: Im **INSIDER TIPP** *Rogue Bed & Beer (748 SW Bay Street | Tel. 1541 2 65 31 88 | www. rogue.com/locations/bb.php | €)* gibt's kleine Apartments über der Brauknaipe der *Rogue Brewery* direkt am Hafen von Newport Beach.

OLYMPIC NAT. PARK

(126 A–B2) (*⬧ B–C2*) **Alpine Blumenwiesen im Sommer und die wildromantische, oft sturmumtoste Felsküste am Pazifik sind die schönsten Attraktio-**

nen des 3735 km² großen Parks auf der Olympic Peninsula Washingtons.

Im Tal des Hoh River an der Westflanke des 2428 m hohen Mount Olympus gedeiht dank des extrem feuchten Klimas ein einzigartiger, moos- und farnüberwucherter Regenwald, der ★ ● *Hoh Rain Forest*, mit mächtigen Sitkatannen und gigantischen Lebensbäumen. Auf dem von hohen Farnen überwucherten Lehrpfad durch das Flusstal fühlt man sich wie in ein einem Märchenwald. ☙ *Hurricane Ridge* im Nordteil des Parks bietet herrliche Bergpanoramen und ein Netz von Wanderwegen. Das Städtchen *Forks*

auf der Westseite des Parks wurde in den letzten Jahren bekannt als Schauplatz der sehr erfolgreich verfilmten Twilight-Vampir-Romane von Stephenie Meyer ("Biss zum Morgengrauen"). Den Stadtplan zu den Romanschauplätzen gibt es im kleinen *Visitor Center* von Forks am Highway 101.

INSIDER TIPP ▶ *Quileute Oceanside Resort* (*La Push | Tel. 1 360 3 74 52 67 | www. quileuteoceanside.com | €€–€€€*) ist ein von Indianern geführtes Ferienhotel in den Dünen am Pazifik neben dem Reservatsort. 28 gepflegte Motelzimmer und 33 sehr schöne *cabins*. Ein solides Motel mit Blick über Stadt und Hafen ist ☙ *Port Angeles Inn* (*111 E 2nd Street | Port Angeles | Tel. 1 360 4 52 92 85 | www. portangelesinn.com | €–€€*).

Auskunft: *Olympic Peninsula Visitors Bureau | 338 W 1st Street | Port Angeles | Tel. 1 360 4 52 85 52 | www.olympicpeninsula. org / www.nps.gov/olym*

PORTLAND

(126 B3–4) (🗺 C4) **Dank einer vorbildlichen Stadtplanung gilt die Metropole Oregons mit ihren vielen Grünflächen als höchst lebenswerte Stadt.**

Portland (2,3 Mio. Ew.) liegt vor der imposanten Kulisse des 3426 m hohen Mount Hood an der Mündung des Willamette River in den Columbia River. Ihren Beinamen "Stadt der Rosen" verdankt sie vor allem den herrlichen Gärten im *Washington Park* und dem *Rose Festival,* der großen Blumenparade, die Anfang Juni stattfindet.

SEHENSWERTES

PORTLAND ART MUSEUM

Das älteste Kunstmuseum des Nordwestens besitzt eine gute Sammlung zu

Nordwest- und indianischer Kunst, dazu Asiatika sowie zeitgenössische Werke in einem sechsstöckigen Neubau. *Di–Sa 10–17, Do/Fr 10–20, So 12–17 Uhr | Eintritt 15 $ | 1219 SW Park Av. | www.portlandartmuseum.org*

ESSEN & TRINKEN

HOPWORKS URBAN BREWERY ☺
Nette Braukneipe mit Biobier und Biokost. Ein beliebter Szenetreff der Rad-

EINKAUFEN

Einen Shoppingbummel verdienen die Innenstadt um den *Pioneer Courthouse Square* und *Old Town* mit dem zum Einkaufszentrum umfunktionierten *New Market Theatre*. Unbedingt sehenswert ist *Powell's City of Books (1005 W Burnside Street)*, angeblich der größte Buchladen der Welt mit mehr als 1 Mio. Bücher. Von März bis Dezember ist am Wochenende unter der Burnside Bridge

Der großzügig angelegte Pioneer Courthouse Square ist das Herz von Downtown-Portland

fans in Portland. *2944 SE Powell Blvd. | Tel. 1503 2 32 46 77 | €–€€*

JAKE'S FAMOUS CRAWFISH
Beliebtes, altes Restaurant. Fisch und Krebse sind hier besonders delikat. *401 SW 12th Av. | Tel. 1503 2 26 14 19 | €€*

WILDWOOD
Ausgezeichnete Regionalküche, serviert im Trendviertel Nob Hill. *1221 NW 21st Av. | Tel. 1503 2 48 96 63 | €€€*

INSIDER TIPP ▶ Kunst- und Kunsthandwerksmarkt, auf dem vor allem viele Holz- und Töpferarbeiten von örtlichen Studios zu finden sind.

ÜBERNACHTEN

COURTYARD BY MARRIOTT ☺
Sogar Kettenhotels sind in Portland grün: betrieben mit erneuerbarer Energie, ausgestattet mit Recyclingmaterialien und künstlerisch gestaltet. *550 SW*

Seattle: Markant erhebt sich aus der Skyline die futuristische Space Needle des Seattle Center

Oak Street | Tel. 1503 5 05 50 00 | www.
marriott.com | €–€€

HOTEL LUCIA
Elegantes, kleines Hotel im Zentrum,
künstlerisch gestaltet. *128 Zi. | 400 SW
Broadway | Tel. 1503 2 25 17 17 | www.
hotellucia.com | €€*

AUSKUNFT

TRAVEL PORTLAND VISITOR
INFORMATION CENTER
*Pioneer Courthouse Square | 701 SW
6th Av. | Tel. 1503 2 75 83 55 | www.
travelportland.de*

ZIEL IN DER UMGEBUNG

MOUNT SAINT HELENS ★
(126 B3) (*C4*)
Am 18. Mai 1980 brach der rund 100 km
nördlich von Portland in der Cascade-Ket-
te Washingtons gelegene Vulkan in einer
gewaltigen Eruption aus. Das meterhoch
unter Asche verschüttete Umland, in das
erst langsam wieder Leben zurückkehrt,
wurde zu einem 445 km² großen Schutzgebiet erklärt. *Mehrere große Visitor Centers am Highway 504*

SEATTLE

(126 B2) (*C2–3*) **Jung und dynamisch
ist** Seattle **– und herrlich gelegen.
Die Stadt erstreckt sich zwischen dem
Salzwasser des Puget Sound und dem
Süßwassersee Lake Washington über
zahlreiche Hügel.**
1851 gegründet und nach einem indianischen Häuptling benannt, ist Seattle
heute mit rund 3,5 Mio. Einwohnern die
größte Metropole an der Nordwestküste.
Bekannt wurde die Stadt seit dem Zweiten Weltkrieg vor allem als Sitz der Boe-
ingwerke und in jüngerer Zeit als Heimat
von Microsoft. In bester Lage am Lake
Washington wohnt deshalb hier auch in
einem 100 Mio. Dollar teuren Haus Bill
Gates, Gründer des Software-Riesen und
einer der reichsten Männer der Welt.

SEHENSWERTES

Die moderne Innenstadt liegt am Ufer der Elliott Bay, die renovierte Altstadt um den *Pioneer Square*. Von dort aus zogen vor mehr als 100 Jahren die Abenteurer zum Goldrausch am Klondike. Ein *Visitor Center (319 2nd Av. S)* zeigt Ausstellungen und Filme über die Goldgräberzeit. Ebenfalls restauriert wurde das alte Hafenviertel um den *Pier 59* mit Geschäften, Restaurants, einem ausgezeichneten Aquarium und einem wirklich riesigen Riesenrad. Stufen führen hinauf zum quirligen *Pike Place Market*.

INSIDER TIPP EMP

In einem bizarren Metallbau wird die Geschichte der amerikanischen Popmusik hörbar gemacht. Große Ausstellungen auch über Rockmusik und Jimi Hendrix, der aus Seattle stammte. Im selben Bau ist das weltweit einzige *Science Fiction Museum* untergebracht. *Im Sommer tgl. 10–19 Uhr | Eintritt 20 $ | Seattle Center | 325 5th Av. N | www.empmuseum.org*

MUSEUM OF FLIGHT

Rund 150 alte Flugzeuge, ein Flugauto von 1950 und ein hölzernes Space Shuttle in der ehemaligen Fabrikhalle von Boeing. *Tgl. 10–17 Uhr | Eintritt 19 $ | südlich der Stadt an der I-5, Exit 158 | www.museumofflight.org*

SEATTLE ART MUSEUM

Das neue Kunstmuseum in einem spektakulären Bau. Sehr gut: die Ausstellungen zur indianischen Kunst *(Mi–So 10–17, Do bis 21 Uhr | Eintritt 19,50 $ | 1300 1st Av.)*. Besonders sehenswert ist auch der neue, 30 000 m² große ● INSIDER TIPP *Olympic Sculpture Park (Eintritt frei | 2901 Western Av.)* des Museums direkt am Ufer der Elliott Bay, in dem auch zahlreiche Veranstaltungen von Livemusik bis zu Yoga-Workshops stattfinden. *www.seattleartmuseum.org*

SEATTLE CENTER

Das Gelände der Weltausstellung von 1962 ist heute ein Kulturzentrum mit Museen und Vergnügungspark. Dort steht auch das Wahrzeichen Seattles, die 184 m hohe *Space Needle* (Panorama-Aussichtsplattform).

CITY **WOHIN ZUERST?**
Pike Place Market *(1st Av./Pike Street)*: Von hier ist es nicht weit zur Waterfront und zur Innenstadt, wo um 5th Av./Pine Street einige gute Shoppingadressen locken. Per Monorail geht's dann zu den Museen des Seattle Center und der Space Needle. Parkhaus auf der Westseite des Pike Place Market *(1531 Western Av.)* oder offene Parkplätze an der Waterfront (auch für Wohnmobile). Metro-Busse und Light Rail verkehren zur Pine Street.

ESSEN & TRINKEN

AQUA BY EL GAUCHO ❄

Schick und teuer. Exzellenter Fisch und eine schöne Terrasse direkt am Hafen. *2801 Alaskan Way | Pier 70 | Tel. 1206 9 56 91 71 | €€€*

TILIKUM PLACE CAFÉ

Moderne amerikanische Küche im Szeneviertel Belltown nicht weit vom Seattle Center. *407 Cedar Street | Tel. 1206 2 82 48 30 | €€*

WILD GINGER

Chinesisch-indonesisches Szenelokal nahe dem Market mit schickem Publikum und guter Sataybar. Um die Ecke ist im Untergeschoss im angesagten Musikclub *Triple Door (www.thetripledoor.net)* oft gute Livemusik zu hören. *1401 3rd Av. | Tel. 1206 6 23 44 50 | www.wildginger. net | €€*

AM ABEND

Grunge ist längst vorbei, aber die junge Musikszene Seattles experimentiert weiter. Beliebt sind in der jungen Szene vor allem die Livemusikbars um den Pioneer Square wie der *Central Saloon (207 1st Av. S | centralsaloon.com)*. Von Rock bis Industrial ist hier alles zu hören. Eine Reihe von Clubs haben auch gemeinsame Handstempel, sodass man nur einmal die *cover charge* bezahlen muss. In Belltown warten große Bars und Tanzclubs mit trendigen DJs wie etwa im *Belltown Billiards (90 Blanchard Street)*.

ÜBERNACHTEN

BELLTOWN INN

Modernes, einfaches Hotel in Laufweite zur Innenstadt. *174 Zi. | 2301 3rd Av. | Tel. 1206 5 29 37 00 | www.belltown-inn. com | €–€€*

BÜCHER & FILME

▶ **Das Haus des Windes** – Der neueste Roman der Ojibwa-Schriftstellerin Louise Erdrich erzählt von einem Fall von Selbstjustiz im Indianerreservat in North Dakota – dramatisch, komisch und sehr authentisch (2014).

▶ **Mitten in Amerika** – Annie Proulx vermittelt mit ihrem 2002 erschienenen Roman über das Kleinstadtleben in Texas und Oklahoma tiefe Einblicke in die Seele der Amerikaner, die in den weiten Prärien leben.

▶ **Stumme Zeugen** – Krimis aus dem heutigen Wilden Westen sind die Spezialität von C. J. Box. Sein 2008 erschienener Thriller ist in den nördlichen Rocky Mountains angesiedelt, wo Polizisten aus Los Angeles gern ihren Ruhesitz wählen.

▶ **Ocean's Eleven** – Las Vegas ist die glitzernde Kulisse für den kultigen Gaunerfilm in Starbesetzung: George Clooney, Brad Pitt und Julia Roberts (2001).

▶ **Die Spur des Falken** – Echter Genreklassiker des *film noir:* Dashiell Hammett schrieb 1930 das Buch, John Huston machte 1941 den Film, und Humphrey Bogart spielt darin die legendäre Hauptrolle als cooler Privatdetektiv Sam Spade in San Francisco.

Während des Sommers sind bei den San Juan Islands häufig Orca-Wale zu sichten

INSIDER TIPP HOTEL MAX

Witziges, schickes *art hotel*, gestaltet von 39 Künstlern der Stadt. *163 Zi. | 620 Stewart Street | Tel. 1206 7 28 62 99 | www. hotelmaxseattle.com | €€*

MONACO

Elegantes Designerhotel im Herzen der Innenstadt. Sehr gutes Restaurant. *189 Zi. | 1101 4th Av. | Tel. 1206 6 211 770 | www.monaco-seattle.com | €€€*

AUSKUNFT

SEATTLE VISITOR CENTER

701 Pike Street | Tel. 1206 4 615 840 | www.visitseattle.org

ZIELE IN DER UMGEBUNG

FUTURE OF FLIGHT/BOEING ★ ●
(126 B2) (⊕ C2)

Bei Everett, eine halbe Fahrstunde nördlich von Seattle, werden in der größten Montagehalle der Welt die Jumbojets gebaut. Ausstellungen und Führungen durch die Produktionshalle von Boe-ing. *Tgl. 8.30–17.30 Uhr, letzte Führung 15 Uhr | Eintritt 20 $ | 8415 Paine Field Blvd. | Mukilteo | Tel. 1888 4 674 777 | www.futureofflight.org*

MOUNT RAINIER NATIONAL PARK
(126 B3) (⊕ C3)

4392 m ragt der eisbedeckte Vulkangipfel, so etwas wie Seattles Hausberg, süd-östlich der Stadt auf. Straßen führen über die Baumgrenze hinauf zu den Aussichtspunkten ☙ *Paradise* und *Sunrise* (Wanderwege zu Gletschern und Bergseen).

SAN JUAN ISLANDS (126 B1) (⊕ C2)

Die pittoreske Inselgruppe rund 130 km nördlich von Seattle liegt direkt an der Grenze zu Kanada. Von Anacortez aus verkehren Auto- und Passagierfähren zu den einzelnen Inseln. Besonders interessant: *Friday Harbour,* denn von dort aus sind auf ● *Bootstouren* den ganzen Sommer über Orca-Wale im Labyrinth der Buchten und Meerengen zu beobachten. Buchung z. B. über: *San Juan Excursions (Tel. 1800 8 09 42 53 | www. watchwhales.com)*

DER SÜDWESTEN

Auf den ersten Blick mag die Reise durch die vier wüstenhaften Südweststaaten New Mexico, Arizona, Utah und Nevada eintönig erscheinen, auf den zweiten erkennt man jedoch ein ganzes Meer von Farben und Formationen.

Kein Naturschauspiel könnte beeindruckender sein als das des Grand Canyon im Norden von Arizona. Und kein Menschenspektakel berauschender als das von Las Vegas in Nevada, wenn völlig unvermittelt aus der Wüste eine Glitzerwelt mit glamourösen Phantasiebauten und sprudelnden Fontänen aufragt.

In Utah leben die fleißigen Mormonen. Sie bewirtschaften fruchtbares Land hart am Rand des unfruchtbarsten aller Seen, des großen Salzsees. Darüber ragen die Berge auf: Salt Lake City mit seiner Umgebung gehört vom Charakter her schon zu den Rocky Mountains.

In New Mexico stößt man auf vielleicht noch stärkere Kontraste. Üppige, von unterirdischen Quellen gespeiste Täler und dazwischen die Straße nach Alamogordo, wo an der Trinity Site 1945 die erste Atombombe explodierte – nahebei entsteht heute der erste kommerzielle Raumflughafen der Welt.

Einst war auch all dies Indianerland, später stand es unter mexikanischem Einfluss. Das Farbenspiel der Wüsten wird unterbrochen von *pueblos* oder von den Bretterbuden aufgelassener Silberminen. Das ist die Mischung, die den Wilden Westen ausmachte.

Weitere Infos zur Region finden Sie im MARCO POLO „USA Südwest".

Wüste, Hitze, Salzsee, Schluchten:
Was sich so wenig einladend anhört, bietet in
Wirklichkeit grandiose Naturschauspiele

ALAMO-
GORDO

(141 E3) *(∅ K12)* **Am 16. Juli 1945 wurde Alamogordo (30 000 Ew.) weltweit
bekannt – als Geburtsstätte des Atom-
zeitalters.**
In der nordwestlich gelegenen *White
Sands Missile Range* zündete man damals
die erste Atombombe. Bis heute lebt die
am Fuß der über 3000 m aufragenden
Sacramento Mountains im heißen Süden von New Mexico gelegene Stadt von
der Raketen- und Weltraumindustrie und
hat sogar eine Landepiste für die Space-
Shuttles. Im *Museum of Space History (tgl.
9–17 Uhr | Eintritt 6 $)* wird die Geschichte
der Raketenforschung illustriert. Ein neu-
er Meilenstein der Raumfahrt wird ganz
in der Nähe aufgebaut: Bei Alamogordo
entsteht der zukünftige Raumflughafen
von Richard Bransons *Virgin Galactic,* mit
der schon in einigen Jahren Privatpassa-
giere ins All fliegen sollen (Führungen).

Wie frisch beschneit erscheinen die Wanderdünen von White Sands nahe Alamogordo

20 km westlich von Alamogordo dehnt sich auf rund 600 km² eine bizarre Wüstenregion aus: *White Sands National Monument.* Es sind weiße Wanderdünen aus feinem Gipssand, manche über 20 m hoch. Vom *Visitor Center* aus führt eine Straße auf 13 km Länge in die wie Schneewehen anmutenden Sandberge.

ALBU-QUERQUE

(141 D2) (*K11*) **New Mexicos größte Stadt (1,1 Mio. Ew.) zieht sich mit weit ausufernden Vorstädten in einem Hochtal am Fuß der Sandia Mountains hin.**
Die *Old Town* ist die Keimzelle der Stadt am Ufer des Rio Grande. Um die malerische Plaza findet man neben der 1793 erbauten Kirche *San Felipe de Neri* in den alten Adobebauten gute Restaurants und zahlreiche Galerien mit schönem Indianerschmuck.

SEHENSWERTES

INDIAN PUEBLO CULTURAL CENTER
Ausstellungen zur Geschichte der Pueblostämme, dazu großer Kunstmarkt. Am Wochenende finden Vorführungen traditioneller Tänze statt. *Tgl. 9–17 Uhr | Eintritt 6 $ | 2401 12th Street NW*

NEW MEXICO MUSEUM OF NATURAL HISTORY
Eine gute Ausstellung zur Frühgeschichte des Southwest, darunter auch lebensgroße Dinosaurier und ein begehbarer Vulkan. Schön auch für Kinder. *Tgl. 9–17 Uhr | Eintritt 10 $ | 1801 Mountain Road NW*

ESSEN & TRINKEN

CHURCH STREET CAFÉ
Gute *burritos* und *tamales* in der Altstadt; Terrasse. *2111 Church Street NW | Tel. 1505 2 47 85 22 | €*

THE GROVE 🌿
Biolokal mit Regionalproduktmarkt an der historischen Route 66. Nur Frühstück und Lunch. *600 Central Av. SE | Tel. 1505 2 48 98 00 | €*

HIGH NOON
Touristisch, aber gut: Steaks und *enchiladas* aus blauem Maismehl in einer alten Hacienda. *425 San Felipe Road NW | Tel. 1505 7 65 14 55 | €€–€€€*

AUSKUNFT

ALBUQUERQUE VISITORS BUREAU
20 1st Plaza NW | Tel. 1505 8 42 99 18 |
www.visitalbuquerque.org

ZIEL IN DER UMGEBUNG

PUEBLOS (141 D–E1) (*K10*)
Rund 60 km nördlich von Albuquerque liegen entlang des Rio Grande alte indianische *pueblos* wie *San Felipe* und *Santo Domingo,* deren Bewohner vor allem für ihre kunstvollen Töpferarbeiten bekannt sind. Erkundigen Sie sich vorab bei den *Visitor Bureaus* in Albuquerque oder Santa Fe, wann in den *pueblos* die nächsten Festtage mit INSIDER TIPP ▶ farbenprächtigen Tänzen sind.

BRYCE CANYON NAT. PARK

(134 B5–6) (*G9*) Neben dem Grand Canyon ist der ⭐ Bryce Canyon National Park wohl der schönste Nationalpark im Südwesten: eine märchenhafte Welt aus Felssäulen und bizarren Steinformationen, modelliert über Jahrmillionen aus weichem, von Eisen- und Manganspuren gefärbtem Sandstein.

Vom *Visitor Center* (Wanderkarten) führt eine 30 km lange Panoramastraße den Rand des Canyons entlang. Die schönsten Aussichtspunkte sind: ❄ *Bryce Point, Sunrise* und ❄ *Sunset Point.* Gute Wanderwege. Das *Best Western Ruby's Inn (368 Zi. | 1000 S Highway 63 | Bryce Canyon | Tel. 1435 8 34 53 41 | www. rubysinn.com | €€)* ist ein großes Motel mit Campingplatz und Restaurant.

CARLSBAD CAVERNS NAT. PARK

(141 F4) (*L13*) ● Tief im Kalkgestein der Guadalupe Mountains im Südosten New Mexicos liegen die schönsten, seit 3 Mio. Jahren gewachsenen Tropfsteinhöhlen der Welt, durch die befestigte Wege führen. Eine spektakuläre Attraktion sind auch INSIDER TIPP ▶ Hunderttausende Fledermäuse, die in einem Seitenraum der Höhle nisten und an Sommerabenden wie eine riesige schwarze Wolke aus dem Höhleneingang quellen.

MARCO POLO HIGHLIGHTS

⭐ **Bryce Canyon National Park**
Steinerne Wunderwelt mit filigranen Säulen → S. 59

⭐ **Grand Canyon National Park**
Feuerrote Schluchten und Tafelberge – das berühmteste Naturwunder Amerikas → S. 60

⭐ **Bellagio**
Echte Picassos und falsche Fassaden → S. 63

⭐ **Dead Horse Point State Park**
Geologie aus der Vogelperspektive → S. 64

⭐ **Canyon Road**
Santa Fe: Kunstgenuss in alten Adobehäusern → S. 66

⭐ **Arizona-Sonora Desert Museum**
Wüstenmuseum der Spitzenklasse → S. 68

DURANGO

(135 D6) *(CD J9)* **Die schön gelegene Bergwerksstadt Durango (15 000 Ew.) aus der Zeit des Silberbooms um 1880 ist heute ein beliebter Sommererholungsort mit viktorianischen Hausfassaden und gemütlichen Saloons.**

Besuchermagnet ist die historische Dampfeisenbahn der *Durango & Silverton Narrow Gauge Railroad (im Sommer ganztägige Fahrten 85 $ | 479 Main Av. | Tel. 1 970 2 47 27 33 | www.durangotrain. com).* Mehrere Panoramastraßen führen zu kleineren Bergwerksorten wie *Telluride, Silverton* und *Ouray.*

ZIEL IN DER UMGEBUNG

MESA VERDE NATIONAL PARK
(135 D6) *(CD J9)*

Rund 50 km westlich von Durango finden sich die eindrucksvollsten Zeugnisse früher indianischer Kulturen. Seit dem 6. Jh. lebten hier die Anasazi, die um 1200 große Klippenbauten errichteten. Entlang der vom Besucherzentrum *(Museum)* ausgehenden Straßen sind über 30 Ruinen zu sehen, darunter der 217 Räume umfassende *Cliff Palace.*

FLAGSTAFF

(140 B2) *(CD G11)* **Die größte Stadt Nordarizonas (134 000 Ew.) an der Route 66 ist ein guter Ausgangspunkt für Ausflüge zu den Natursehenswürdigkeiten in der Umgebung.**

Im Norden und Osten sind der *Grand Canyon* und die indianischen Ruinen des INSIDER TIPP *Walnut Canyon,* wo Sie schön in der kühlen Schlucht wandern können, die Attraktionen. Im Süden liegt der malerische *Oak Creek Canyon* und im

Osten der *Petrified Forest National Park.* Außerdem bietet *Flagstaff* mit dem *Museum of Northern Arizona (tgl. 9–17 Uhr | Eintritt 10 $ | 5 km nördlich an der US 180)* eine gute Ausstellung zu Naturgeschichte und indianischen Kulturen der Region.

GRAND CANYON NAT. PARK

KARTE IM HINTEREN UMSCHLAG
(139 E–F3) *(CD F–G10)* **Bis zu 1700 m tief stürzen die roten und ockerfarbenen Steilwände hinab zum Colorado River, der den ★ ● Grand Canyon innerhalb der letzten 2–5 Mio. Jahre schuf.** Fast 450 km lang ist die weltweit größte Schlucht und bis zu 30 km breit. Das Alter der freigelegten Gesteinsschichten beträgt bis zu 2 Mrd. Jahre. Ein atemberaubender Blick in die Erdgeschichte, den jedes Jahr fast 5 Mio. Besucher genießen. Der 2100 m über dem Meeresspiegel liegende ☀ *South Rim* ist das ganze Jahr über geöffnet. Dort befinden sich die spektakulärsten Aussichtspunkte, gute Spazierwege und das *Grand Canyon Village* mit Hotels, Läden und Museen *(*kostenloser Transport mit Shuttlebussen bis *Hermit's Rest).* Ruhiger und weniger überlaufen ist der *North Rim (im Winter geschl.).*

Im Westteil des *South Rim* gibt es seit einigen Jahren einen weiteren Zugang: *Grand Canyon West,* wo der *Skywalk,* eine gläserne Rampe, 15 m weit über den Steilabhang hinaus führt. Ein Spektakel, allerdings mit 44 $ Eintritt und zusätzlich 44 $ Reservatsgebühr relativ teuer – und dazu ca. fünf Stunden Fahrt vom *South Rim Village* bzw. gut zwei Stunden von Las Vegas entfernt.

FREIZEIT & SPORT

BOOTSTOUREN

Ein- und mehrtägige Schlauchboot-fahrten auf dem Colorado River durch den Canyon werden zahlreich angeboten, z. B. von *Rivers & Oceans (Tel. 1928 5 26 45 75 | www.rivers-oceans.com)*.

Abend unter Tel. 1928 6 38 26 31 | www. grandcanyonlodges.com)

AUSKUNFT

NATIONAL PARK SERVICE

Informationen, Karten und Reservierung mehrtägiger Wanderungen. *Grand Can-*

Nichts für Wasserscheue: mit dem Schlauchboot durch den Grand Canyon raften

CANYONWANDERUNGEN

Für eine Tour auf dem *South Kaibab* (11 km einfach) oder dem *Bright Angel Trail* (15 km) hinab zum Colorado sollten Sie fit sein und sich einen kühlen Tag aussuchen, denn unten im Canyon sind es bis zu 50 Grad! Wasser nicht vergessen!

ÜBERNACHTEN

GRAND CANYON NAT. PARK LODGES

Reservierung für Unterkünfte am Süd-rand des Canyon von schlichten Block-hütten der *Bright Angel Lodge (€)* bis zum edlen *El Tovar Hotel (€€€)*. Früh buchen! *Xanterra Parks & Resorts (6312 S Fiddlers Green Circle | Suite 600 | Green-wood Village | Tel. 1 303 2 97 27 57 |* An-fragen für Stornierungen am selben

yon | Tel. 1928 6 38 78 88 | www.nps.gov/ grca (mit ausführlichen Infos auf Deutsch zum Download)

ZIEL IN DER UMGEBUNG

LAKE POWELL (134 B6) (*M H9–10*)

Ein riesiger See mitten im Canyonland. Stromaufwärts vom Grand Canyon (ca. 200 km nordöstlich) staut der 216 m hohe *Glen Canyon Dam* bei Page den Co-lorado River zu einem gewaltigen Stau-see, dem zweitgrößten der USA. Das La-byrinth von Buchten und roten Canyons am See ist ein Paradies für Wassersport-ler. Angeboten werden geführte Touren sowie Motorboot- und Hausbootvermie-tung *(Infos unter www.lakepowell.com und www.visitpagelakepowell.com).*

LAS VEGAS

(139 E3) *(00 F10)* **Wie eine bizarre Oase ragt die Spielerstadt Las Vegas (2 Mio. Ew.) aus der Wüste Nevadas.**

Seit in der Mormonensiedlung 1931 das Glücksspiel legalisiert wurde, lebt Las Vegas von den Kasinos in der teilweise renovierten Downtown um die *Fremont Street* und dem berühmten *Las Vegas Strip.* Es locken immer neue Superkasinos, fabelhafte Shows, glitzerndes Neonlicht und preisgünstiges Essen. Wer will, kann in Las Vegas auch in kürzester Zeit heiraten – oder sich scheiden lassen.

> **CITY** **WOHIN ZUERST?**
> Starten Sie an der **Kreuzung Las Vegas Blvd./Flamingo Road**. Zuerst vorbei an Caesars Palace und dem legendären Flamingo gen Norden zum Venetian. Dann nach Süden zum Bellagio (Wassershow!) und durchs CityCenter bis zum New York-New York. Der Stadtbus The Deuce (Tageskarte 8 $) fährt den ganzen Strip entlang bis in die Downtown. Parkhäuser hinter dem Flamingo und Imperial Palace.

SEHENSWERTES

LAS VEGAS STRIP ●

Hier reihen sich die Kasinohotels aneinander. Die schönsten sind das venezianisch gestylte *Venetian* mit Markusplatz und Gondelkanälen, das *Paris Las Vegas* samt Eiffelturm, das ganz modern gestaltete *Planet Hollywood Casino,* das elegante *Bellagio,* das noble *Caesars Palace,* das schicke, neue *Cosmopolitan* und nebenan das fast 10 Mrd. $ teure ◷ *CityCenter,* das für Las-Vegas-Verhältnisse verblüffend energieeffizient und nachhaltig gebaut wurde. Sehenswert: die ● *Auto Collections at The Quad* mit einer großen Sammlung herrlicher Oldtimer, die teils zum Verkauf stehen. Weiter südlich folgen das *New York-New York* mit Freiheitsstatue, das ägyptisch inspirierte *Luxor* und das *Mandalay Bay* mit Badestrand samt künstlichen Wellen.

ESSEN & TRINKEN

Opulente und preiswerte Büfetts finden Sie in fast allen Kasinos. Ein Tipp: **INSIDER TIPP** das Büfett im *Mandalay Bay*, das auch zahlreiche weitere gute Restaurants besitzt. Die Coffeeshops der Hotelkasinos servieren rund um die Uhr.

EINKAUFEN

Die Ladenstraßen der *Forum Shops at Caesars*, des *Bellagio* oder des *CityCenter* sind voller Edelgeschäfte wie Cartier oder Gucci, die auf frischgebackene Spielgewinner oder spendable Urlauber aus Asien warten. Normales Preisniveau haben die Läden der größeren Malls wie *Miracle Mile Shops* oder *Fashion Show Mall*. Wer wirklich günstig einkaufen will, steuert am besten die großen *Premium Outlets (7400 Las Vegas Blvd. S | 875 S Grand Central Parkway)* an, in denen Markenläden vor allem Kleidung, Schuhe, Sportbedarf und Lederwaren anbieten.

AM ABEND

Revuen und Konzerte berühmter Künstler sind in Las Vegas so gut zu erleben wie nirgendwo sonst. Es gibt meist eine (etwas teurere) Dinnervorstellung gegen 20 Uhr und eine Cocktailshow um 23 Uhr. Im *Bellagio* zeigt der Cirque du Soleil die Wassershow „O", Céline Dion, Rod Stewart und Elton John singen im *Caesars*

Palace, im *Bally's* und im *Tropicana* laufen farbenprächtige Pariser Revuen.

ÜBERNACHTEN

Sonntag bis Donnerstag gibt es oft günstige Sondertarife.

BELLAGIO ⭐

Mit echten Picassos und viel Kunst verschönertes Kasinohotel inklusive Mini-Comer-See und eindrucksvollen Wasserspielen aus mehr als 1000 Düsen. *3900 Zi. | 3600 Las Vegas Blvd. S | Tel. 1702 6 93 71 11 | www.bellagio.com | €€€*

COSMOPOLITAN OF LAS VEGAS

Neu und ultrachic mit Design von David Rockwell. Ideal: Viele Zimmer haben ❄ Balkon, **INSIDER TIPP** auf der Nordseite sogar mit Blick auf die Fontänen des Bellagio. Sehr gute Restaurants, schöne Poollandschaft und das phantastisch gestaltete ● *Sahra Spa & Hammam* mit einer breiten Palette von Anwendungen. *3000 Zi. | 3708 Las Vegas Blvd. S | Tel. 1702 6 98 70 00 | www. cosmopolitanlasvegas.com | €€€*

LUXOR

Wohnen in einer Pyramide. *4400 Zi. | 3900 Las Vegas Blvd. S | Tel. 1702 2 62 44 44 | www.luxor.com | €−€€*

AUSKUNFT

LAS VEGAS VISITORS BUREAU

3150 S Paradise Road | Tel. 1702 8 92 75 75 | www.lasvegas.com

ZIEL IN DER UMGEBUNG

HOOVER DAM (139 E3) (*🖙 F10*)

Im Black Canyon rund 40 km südöstlich von Las Vegas versperrt der gewaltige Damm den Lauf des Colorado River und staut ihn zum *Lake Mead*. Die 221,4 m hohe Mauer wurde 1931–35 erbaut. Das Kraftwerk versorgt Las Vegas und sogar einen Teil Südkaliforniens mit Strom *(Visitor Center und Führungen | Eintritt 10–30 $).*

Las Vegas Strip – am schönsten abends, wenn das Lichterspektakel beginnt

MOAB

(134 C5) (𝄞 J9) **In den letzten Jahren hat sich das 5000-Seelen-Städtchen Moab am Oberlauf des Colorado River zu einem Mekka der Sportler und Naturfans entwickelt.**

Jedes Jahr kommen mehr, um auf Wandertouren oder Schlauchbootfahrten, bei Mountainbike-Exkursionen oder Jeepsafaris die herrliche Canyonwelt zu genießen. Wenige Kilometer westlich von

TOUREN

ADRIFT ADVENTURES

Angeboten werden Rafting- und Mountainbiketouren um Moab. Auch Jeepfahrten. *378 N Main Street | Tel. 1435 2 59 85 94 | www.adrift.net*

AUSKUNFT

MOAB INFORMATION CENTER

Center/Main Street | Tel. 1435 2 59 88 25 | www.discovermoab.com

Dead Horse Point: im Farb- und Formenrausch des vom Colorado geformten Canyons

Moab beginnt die nahezu unerschlossene Wildnis des *Canyonlands National Park,* dessen Schluchten dem Grand Canyon kaum nachstehen. Ein besonderes Erlebnis sind INSIDER TIPP Geländewagentouren durch den Park und durch die vielen anderen feuerroten Sandsteinschluchten der Region. Den schönsten Blick haben Sie im ✳ ★ ● *Dead Horse Point State Park.* Gut 700 m über dem Zusammenfluss von Colorado und Green River eröffnet sich ein weites Panorama (Picknick-, Campingplatz).

ZIEL IN DER UMGEBUNG

ARCHES NATIONAL PARK

(134 C4–5) (𝄞 H–J 8–9)

Nur 10 km nördlich von Moab beginnt dieses Hochplateau über dem Colorado River, auf dem der Wüstenwind Felsbögen in den flammend roten Sandstein geschliffen hat. Vom *Visitor Center* führt eine Stichstraße zu den Bögen der *Windows Section* und weiter bis zum *Devils Garden.* Ein unbedingtes Muss ist eine rund 5 km lange Wanderung zum

❄ *Delicate Arch* (schönstes Farbenspiel am Spätnachmittag).

MONUMENT VALLEY

(134 C6) *(ⓜ H10)* **Zahllose Western und Werbespots machten die mächtigen Monolithen und Tafelberge des Wüstentals zwischen Utah und Arizona weltberühmt.**

Das Tal liegt im Navajo-Reservat, und weit verstreut leben einige indianische Familien dort noch heute in traditionellen *hogans* (Rundhäusern). Die bekanntesten Formationen sind die beiden *Mittens,* wie erhobene Fäuste geformte Sandsteinfelsen. Sie sind vom ❄ *Visitor Center* des *Navajo Tribal Park* am besten zu sehen. Dort beginnen auch Jeepführungen und von Indianern begleitete Ausritte.

Eine stimmungsvolle Unterkunft ist ❄ *Goulding's Lodge (64 Zi. | P. O. Box 1 | Tel. 1435 7 27 32 31 | www.gouldings. com | €€),* ein Motel mit herrlichem Blick – rechtzeitig reservieren!

PHOENIX

(140 A3) *(ⓜ G12)* **Bei durchschnittlichen Tagestemperaturen von mehr als 40 Grad im Sommer ist es kein Wunder, dass sich die Hauptstadt Arizonas erst mit der Erfindung der Klimaanlage zur Stadt entwickeln konnte.**

Mittlerweile ist sie eine lebendige Metropole (4,3 Mio. Ew.) mit spiegelnden Hochhäusern und endlosen Vorstädten im weiten Tal des Salt River. Aus touristischer Sicht interessant ist vor allem der elegante Villenvorort *Scottsdale,* in dem Winterurlauber, die sich nach Sonne und Wärme sehnen, Hotels und zahllose Golfplätze finden.

SEHENSWERTES

HEARD MUSEUM
Umfassende Sammlungen indianischer Kunst des Südwestens. *Mo–Sa 9.30–17, So 11–17 Uhr | Eintritt 18 $ | 2301 N Central Av. | www.heard.org*

ESSEN & TRINKEN

Z TEJAS
Trendiger Mexikaner im schicken Umfeld des Fashion Square. *7014 E Camelback | Scottsdale | Tel. 1 480 9 46 41 71 | €€*

ÜBERNACHTEN

FAIRMONT SCOTTSDALE PRINCESS
Luxuriöse Wüstenoase mit Sportanlagen und exzellenten Restaurants. *649 Zi. | 7575 E Princess Drive | Scottsdale | Tel. 1 480 5 85 48 48 | www.fairmont. com | €€€*

BEST WESTERN PAPAGO INN
Freundliches Kettenmotel. *58 Zi. | 7017 E McDowell Road | Scottsdale | Tel. 1 480 9 47 73 35 | www.bestwestern.com | €*

AUSKUNFT

PHOENIX VISITORS BUREAU
125 N Second Street | Tel. 1 877 2 25 57 49 | www.visitphoenix.com

SANTA FE

(141 E1) *(ⓜ K10)* **Das von den Spaniern 1609 gegründete Santa Fe gilt als älteste Hauptstadt der USA.**

Zunächst war es das Zentrum der spanischen Kolonialmacht, dann wurde es zum Handelsknoten am Ende des Santa Fe Trail. In den letzten Jahrzehnten entwickelte sich die Stadt (140 000 Ew.) zum Mekka der Aussteiger, New-Age-Propheten und Künstler. Mit über 200 Galerien gilt sie nach New York als bedeutendstes Kunstzentrum der USA. Mittelpunkt der im indianisch-mexikanischen Adobestil erbauten Altstadt ist die *Plaza* mit dem Gouverneurspalast von 1610.

SEHENSWERTES

MUSEUM OF NEW MEXICO

In vier großen Staatsmuseen hortet New Mexico die Schätze seiner Kulturen: Der *Palace of the Governors* an der Plaza ist der Geschichte gewidmet, nebenan zeigt das *Museum of Fine Arts* die moderne Kunst des Südwestens. Am Camino Lejo südlich der Stadt liegen das *Museum of Indian Arts and Culture* und das *Museum of International Folk Art*. Alle Museen Di–So 10–17 Uhr | Eintritt je 9 $, 4-Tage-Pass für alle 20 $

ESSEN & TRINKEN

INSIDER TIPP ▶ COWGIRL HALL OF FAME

Rippchen, Steaks und Livemusik in gemütlichem Innenhof. *319 S Guadalupe Street | Tel. 1505 9 82 25 65 | €*

SANTACAFÉ

Trendlokal mit perfekter neumexikanischer Küche. *231 Washington Av. | Tel. 1505 9 84 17 88 | €€€*

EINKAUFEN

Rings um die Plaza liegen Kunsthandwerks- und Souvenirläden, die auch guten Indianerschmuck führen. Von den Indianern selbst können Sie unter den Arkaden des Palace of the Governors kaufen. Die besten Galerien finden Sie entlang der ★ ● *Canyon Road* – vor allem Malerei und Kunst mit Southwestmotiven, aber auch moderne Skulpturen, Glasarbeiten und Keramik.

ÜBERNACHTEN

EL REY INN

Einfaches Motel im Adobestil, Zimmer mit offenem Kamin. *86 Zi. | 1862 Cerrillos Road | Tel. 1505 9 82 19 31 | www.elreyinnsantafe.com | €*

ST. FRANCIS

Schön restauriertes Hotel im Stadtzentrum. *83 Zi. | 210 Don Gaspar | Tel. 1505 9 83 57 00 | www.hotelstfrancis.com | €€–€€€*

AUSKUNFT

SANTA FE VISITORS BUREAU

201 W Marcy Street | Tel. 1 800 7 77 24 89 | www.santafe.org

ZIEL IN DER UMGEBUNG

BANDELIER NATIONAL MONUMENT

(141 D1) (*ℳ K10*)
Im *Frijoles Canyon* 80 km nordwestlich von Santa Fe bauten prähistorische Indianer große Höhlenwohnungen in den Fels. Ein 2 km langer Weg führt vom *Visitor Center* zu den wichtigsten Höhlen. Bei der Rückfahrt kann man in *Los Alamos* Station machen, dem bedeutendsten Zentrum der amerikanischen Atomforschung. Dokumentiert wird die Entwicklung im *Bradbury Science Museum*.

TAOS

(141 E1) (*ℳ K10*) Indianisches *pueblo*, spanischer Kolonialposten, Künstlerkolonie mit so berühmten Mitgliedern

wie Georgia O'Keeffe – das 5000-Seelen-Städtchen Taos am Fuß der Sangre de Cristo Mountains hat alles erlebt.

Und es hat sich durch eine reizvolle Verbindung der Kulturen zu einem der beliebtesten Erholungsorte in New Mexico entwickelt. Um die historische *Plaza* im Zentrum reihen sich alte Adobebauten, und in den Seitenstraßen sind Werkstätten und Kunsthandwerksläden zu besuchen. Sehenswert sind auch das *Kit Carson Home* und die 1710 begonnene Kirche *San Francisco de Asis*.

SEHENSWERTES

INSIDER TIPP ▶ MILLICENT ROGERS MUSEUM ☀

Eine großartige Sammlung indianischer Kunst, Schmuck und Töpferei, die sich mit einem Traumblick am Nordrand der Stadt befindet. *Tgl. 10–17 Uhr | Eintritt 10 $ | 1504 Millicent Rogers Road | www.millicentrogers.org*

TAOS PUEBLO

Rund 800 Jahre alte, fünfstöckige Wohnstadt der Taosindianer. Tanzrituale an Festtagen. *Tgl. 8–16, So ab 8.30 Uhr | Eintritt 16 $ | am Nordrand von Taos*

ESSEN & TRINKEN

BENT STREET DELI & CAFE

Gemütliches Lokal mit Terrasse nahe der Plaza. Moderne amerikanische Küche; schön auch zum Frühstück. *120 Bent Street | Tel. 1575 758 57 87 | €–€€*

ÜBERNACHTEN

INSIDER TIPP ▶ LA DONA LUZ INN

Urgemütlicher kleiner Country-Inn in der Altstadt, skurril angelegt, aber sehr nett. *15 Zi. | 206 Des Gorges Lane | Tel. 1575 758 90 00 | www.ladonaluz.com | €*

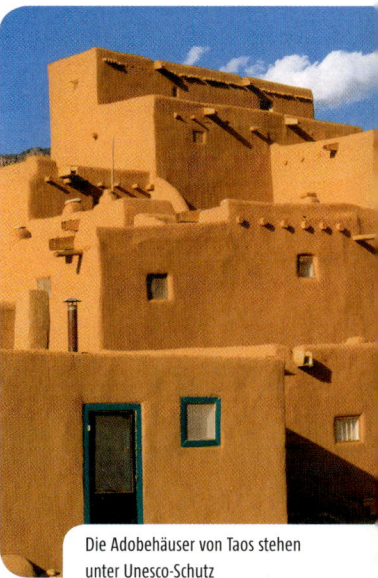

Die Adobehäuser von Taos stehen unter Unesco-Schutz

HISTORIC TAOS INN

Das erste Haus am Platz mit ausgezeichnetem Restaurant und schöner Bar. *36 Zi. | 125 Paseo del Pueblo Norte | Tel. 1575 758 22 33 | www.taosinn.com | €€*

AUSKUNFT

TAOS CHAMBER OF COMMERCE

1139 Paseo del Pueblo Sur | Tel. 1505 758 38 73 | www.taos.org

TUCSON

(140 B4) *(⑭ H13)* **Der Missionar Eusebio Kino gründete um 1700 die erste spanische Missionsstation im Land der Pima- und Tohono-O'odham-Indianer: Tucson.**

Er hätte sich damals wohl nicht träumen lassen, dass einmal gut 1 Mio. Menschen in dem weiten Wüstental im Süden Ari-

Die Missionskirche von San Xavier del Bac glänzt in barockem Kolonialstil

zonas leben würden. Eine Universität, die boomende Elektronikindustrie und das gesunde, trockene Klima haben Tucson nach dem Zweiten Weltkrieg zu ungeahntem Wachstum verholfen. Große Hotels, der hübsch restaurierte Altstadtbezirk *El Presidio* und die faszinierenden *Kakteenwälder* rings um die Stadt locken vor allem im Winter viele Urlauber an.

SEHENSWERTES

ARIZONA-SONORA DESERT MUSEUM ⭐
Die Wüste lebt: Nirgendwo ist das besser zu sehen als in diesem Freilichtmuseum, das Flora und Fauna der amerikanischen Wüsten zeigt. *Tgl. 7.30–17, im Winter 8.30–17 Uhr | Eintritt 19,50 $ | Tucson Mountain Park | www.desertmuseum.org*

MISSION SAN XAVIER DEL BAC
Die schönste Missionskirche im Südwesten, gebaut 1797. *Tgl. 7–17 Uhr | Eintritt frei | 15 km südl. an der San Xavier Road*

OLD TUCSON STUDIOS
Die berühmte Filmstadt brannte 1995 zum Teil ab, doch in den wieder aufgebauten Kulissen finden nun erneut abenteuerliche Stuntshows statt. *Tgl. 10–17, Frühjahr und Herbst Fr–So 10–18 Uhr | Eintritt 17 $ | Tucson Mountain Park | www.oldtucson.com*

PIMA AIR AND SPACE MUSEUM
Rund 275 alte Flugzeuge dösen hier in der trockenen und deshalb konservierend wirkenden Wüstenluft. Ringsum ein Flugzeugfriedhof mit Tausenden von alten Bombern. *Tgl. 9–17 Uhr | Eintritt 15,50 $ | 6000 E Valencia Road | www.pimaair.org*

SAGUARO NATIONAL PARK
Der in den Hügeln westlich und östlich von Tucson liegende Park schützt einen grandiosen Wald uralter, bis 15 m hoher Saguarokakteen (Blütezeit im Mai). An den *Visitor Centers* beginnen Lehrpfade und Straßen durch die ursprüngliche Wüstenlandschaft. *Tgl. 9–17 Uhr | www.nps.gov/sagu*

ÜBERNACHTEN

Günstige Motels liegen an den Highwayabfahrten westlich des Stadtzentrums.

Etwas außerhalb finden Sie luxuriöse Ferienanlagen mit Pools, Tennis- und Golfplätzen, die im Winter sehr teuer, im Sommer aber oft verblüffend preiswert sind *(€€–€€€)*, z. B. *Westin La Paloma (487 Zi. | Tel. 1520 7 42 60 00 | www.westinlapalomaresort.com)* oder das hübsche historische *Arizona Inn (95 Zi. | Tel. 1520 3 25 15 41 | www.arizonainn. com)*.

AUSKUNFT

TUCSON CONVENTION & VISITORS BUREAU
100 S Church Av. | Tel. 1602 6 24 18 17 | www.visittucson.org

ZIEL IN DER UMGEBUNG

TOMBSTONE (140 B4) *(*𝄞 *H13)*
Das legendäre Westernstädtchen rund 100 km südöstlich von Tucson, in dem einst Wyatt Earp und Doc Holliday gegen die Clanton-Brüder kämpften, lebt nicht zuletzt aufgrund seines Filmruhms vom Tourismus. Hinter den Holzfassaden lauern heute keine Revolverhelden mehr, sondern Souvenirhändler. Authentischer ist in jedem Fall das INSIDER TIPP *Bergbaustädtchen Bisbee* 40 km südlich.

ZION NAT. PARK

(139 F2) *(*𝄞 *G9)* **Kernstück des 595 km² großen Nationalparks ist die 700 m tiefe, enge Schlucht des Virgin River (kostenlose Busse im Sommer).**
Über die letzten 13 Mio. Jahre hat der Fluss aus den Kalksteinschichten und dem tiefroten Sandstein spektakuläre Steilwände geschliffen. Besonders schön ist eine Fahrt auf dem ☀ *Scenic Drive* im Herbst, wenn sich die Blätter der Pappeln leuchtend gelb färben. Gute Wanderwege, wie z. B. der ☀ INSIDER TIPP *Angels Landing Trail*. In ca. zwei Stunden führt der am Ende sehr steile Pfad die Canyonwand hinauf. Nach der Anstrengung wartet oben eine atemraubende Aussicht über das Tal des Virgin River. Wer über Nacht bleiben möchte, kann im *Zion Park Inn (120 Zi. | 1215 Zion Park Blvd. | Springdale | Tel. 1435 7 72 32 00 | www. zionparkinn.com | €€)* absteigen, einem modernen Hotel am westlichen Parkeingang mit Pool und gemütlichem Restaurant. Eine gute mexikanische Kneipe (super Margaritas und abends Livemusik) ist der *Bit 'n' Spur Saloon (1212 Zion Park Blvd. | Springdale | €)*.

LOW BUDGET

▶ Outlet-Malls sind günstig, noch günstiger aber sind die Läden der Kette *Ross – Dress for Less*. Meist liegen die schmucklosen Läden in Shopping-Malls an den Stadträndern oder auch bei Outlet-Centern wie den *Arizona Mills* in Tempe bei Phoenix.

▶ Für billige Burger und viel Fifties-Nostalgie lohnt sich ein Besuch in einem *Sonic Drive-In*. Die Fast-Food-Kette ist im ganzen Südwesten vertreten, z. B. in Kingman, AZ *(3000 E Andy Devine Av.)*.

▶ Holen Sie sich vor der Fahrt in die Wüste in einem Supermarkt für ein paar Dollar eine kleine Kühlbox. Das Eis dazu gibt es für 2 $ im Supermarkt oder an der Tankstelle – und schon sind Ihre Getränke für unterwegs immer gut gekühlt.

ROCKY MOUNTAINS

Die Wasserscheide der USA, der rund 4300 km lange östliche Teil der nordamerikanischen Kordilleren, ist ohne die höheren Ausläufer in Kanada und Alaska immer noch gut 3000 km lang. Westlich fließt alles in den Colorado, östlich alles in den Missouri.

Die Rockies entstanden vor ca. 60 Mio. Jahren, erste Siedler waren vor rund 10 000 Jahren Indianer. Weiße wagten sich erst ab etwa 1820 in das Gebirge, der *gold rush* von 1859/60 brachte sie in Massen.

Die Nationalparks der Rockies sind legendär: der wasserreiche Yellowstone, die Seen und Wiesen des Glacier, die 2000 m hohen Felswände des Grand Teton, die über der Baumgrenze liegende Felslandschaft des Rocky Mountain Park.

Auf andere Weise legendär sind die wenigen Ortschaften: Aspen, das schicke Skidorado, die hoch gelegene Metropole Denver, die ein Luftkurort sein könnte, Laramie und Cheyenne in Wyoming, wo die historischen Schlachten gegen die Indianer bis heute nachhallen.

Vier Bundesstaaten umfasst das Gebirge: Colorado, Wyoming, Montana und Idaho. Außerdem wird hier noch der Norden Utahs mit Salt Lake City dazugerechnet. Colorado mit den höchsten Gipfeln ist gut zu erreichen. Der Flughafen Denver wurde zum – flächenmäßig – größten der Welt ausgebaut. Wyoming ist, abgesehen vom Yellowstone und vom Grand Teton, ein einziges Strauchfeld, der am dünnsten besiedelte Staat der USA. In Montana ist die Gebirgslandschaft fast

Berge und Seen und nochmals Berge:
eine herbe Gegend mit faszinierenden
Naturwundern und reicher Tierwelt

lieblich, voller Bäche und Seen. Im Süden Idahos gedeihen die berühmten Kartoffeln, der Norden ist so wild und ursprünglich, dass man schon meint, in Kanada zu sein.

ASPEN/VAIL

(135 E4) (🗺 K8) Die beiden etwa 50 km auseinander liegenden Orte im Herzen von Colorado sind die berühmtesten Skiziele der Rockies, deren trockener Pulverschnee die Highsociety Amerikas ebenso anlockt wie europäische Carvingfans.

Das elegante, auf ca. 2400 m Höhe gelegene und an drei Seiten von Bergen umgebene ⭐ *Aspen* (6000 Ew.) erinnert mit seinen viktorianischen Ziegelhäusern noch an seine Vergangenheit als Silberbergbaustädtchen. *Vail* (5000 Ew.) dagegen ist ein moderner, im alpenländischen Stil erbauter Skiort. Im Sommer werden Musikfestivals organisiert, und Wandern ist angesagt.

Buffalo Bill Historical Center in Cody: Westernhelden, Waffen und der Wilde Westen

Auskunft: *Aspen Chamber Resort Ass. | 425 Rio Grande Place| Tel. 1970 9 25 19 40 | www.aspenchamber.org*

BOISE

(127 E5) *(⌂ F5)* **Boise**, **die Hauptstadt des „Kartoffelstaats" Idaho, liegt in einem grünen Tal im ansonsten recht flachen und fast wüstenhaft trockenen Südwesten des Staats.**

Die vom Snake River durchströmte Stadt (210 000 Ew.) besitzt Parks und eine hübsche Altstadt, gute Restaurants und – als größte Attraktion – das zu einem Museum umfunktionierte Gefängnis *Old Idaho State Penitentiary*, in dem bis 1973 Bankräuber, Revolverhelden und Viehdiebe einsaßen. Ein beliebter Treff in Boise ist die Braukneipe *Tablerock Brewpub & Grill (705 W Fulton Street | Tel. 1 208 3 42 09 44 | €).*
Auskunft: *Idaho Division of Tourism | 700 W State Street | Tel. 1 208 3 34 24 70 | www.visitidaho.org*

ZIELE IN DER UMGEBUNG

HELLS CANYON (127 E3–4) *(⌂ E4)*
Rund 150 km nördlich von Boise tut sich an der Grenze zu Oregon die gewaltige Schlucht des Hells Canyon auf. Der Snake River hat sich hier auf einer Länge von 100 km ca. 2400 m tief in das vulkanische Gestein gegraben – tiefer als der Grand Canyon. Bootstouren können Sie von Lewiston und von Oxbow, Oregon, aus unternehmen: *Hells Canyon Adventures (Oxbow | Tel. 1 541 7 85 33 52 | www. hellscanyonadventures.com).*

SUN VALLEY (127 F5) *(⌂ F5)*
Das bekannteste Skigebiet Idahos, rund 200 km östlich von Boise, verdient auch im Sommer einen Besuch. Ganz in der Nähe liegt die schwarze Vulkanlandschaft des sehenswerten *Craters of the Moon National Monument*. Im Norden ragen die **INSIDER TIPP** *Sawtooth Mountains* auf, an deren gezackter Kette der ☀ Highway 75 als eindrucksvolle Panoramastraße entlangführt.

CHEYENNE

(135 F3) *(Ø L7)* **Trotz seiner nur 95 000 Einwohner ist das 1867 als Bahnstation an der Union Pacific Railroad gegründete Cheyenne erstaunlicherweise die größte Stadt Wyomings.**

Ihrer Rolle als Hauptstadt des *Cowboy State* wird sie wohl gerecht – mit Saloons und typischen alten Westernfassaden.

SEHENSWERTES

CHEYENNE FRONTIER DAYS/ OLD WEST MUSEUM

Das ausgezeichnete Museum beim Frontier Park zeigt die Geschichte der Stadt und des ältesten Rodeos der Welt, der *Cheyenne Frontier Days (www.cfdrodeo. com). Tgl. 10–16 Uhr | Eintritt 10 $ | Frontier Park | 4610 Carey Av. | www. oldwestmuseum.org*

EINKAUFEN

THE WRANGLER ●

Für echte Cowboys: Stetsonhüte, Stiefel, silberne Gürtelschnallen. *1518 Capitol Av.*

CODY

(129 D4) *(Ø J5)* **Das beliebte Westernstädtchen (9000 Ew.) in bergumrahmter Lage nahe des Osteingangs des Yellowstone National Park wurde 1898 von Buffalo Bill gegründet. Im Sommer gibt's jeden Abend ein Rodeo.**

SEHENSWERTES

BUFFALO BILL CENTER OF THE WEST ★

Das größte, seit 1917 bestehende Westernmuseum der Rockies mit Ausstel-

lungen zur Legende von Buffalo Bill sowie zur Naturgeschichte der Rockies, zur Westernkunst und den Prärie-Indianern. *Im Sommer tgl. 8–18, im Frühjahr/Herbst 10–17 Uhr | Eintritt 18 $ | 720 Sheridan Av. | www.centerofthewest.org*

ESSEN & TRINKEN

IRMA HOTEL

Restaurant im Speisesaal von 1902 in Colonel Codys Hotel. Die Bar aus Kirschholz erhielt Buffalo Bill von Queen Victoria. *1192 Sheridan Av. | Tel. 1307 5 87 42 21 | www.irmahotel.com | €€*

ÜBERNACHTEN

INSIDER TIPP ▶ ABSAROKA MOUNTAIN LODGE

Gemütliche Ranch etwa 30 km westlich von Cody. Ausritte. *Nur Mai–Sept. | 16 Zi. | 1231 Northfork Highway | Cody | Tel. 1307 5 87 39 63 | www.absarokamtlodge. com | €–€€*

★ **Aspen**
Historisches Silberstädtchen und Jetsettreff → S. 71

★ **Buffalo Bill Center of the West**
In Cody erfahren Sie alles über den Westernhelden Buffalo Bill → S. 73

★ **Going-to-the-Sun Road**
Die schönste Panoramastraße der Rockies im Glacier National Park → S. 77

★ **Old Faithful**
Spritzender Geysir im Yellowstone National Park → S. 81

MARCO POLO HIGHLIGHTS

BUFFALO BILL VILLAGE
Rustikales Motel mit Blockhütten und Campingplatz nahe dem Stadtzentrum. *83 Zi. | 1701 Sheridan Av. | Tel. 1307 5 87 55 44 | www.blairhotels.com | €*

AUSKUNFT

CODY COUNTRY CHAMBER
836 Sheridan Av. | Tel. 1307 5 87 27 77 | www.codychamber.org

COLORADO SPRINGS

(135 F4–5) *(ω L8)* **Trotz ihrer Größe und ihrer 670 000 Einwohner hat sich die bereits 1871 als Kurort gegründete Stadt viel von ihrem Erholungswert erhalten.**

Die herrliche Lage am sonnigen Ostrand der Rocky Mountains, Naturparks wie der *Garden of the Gods* mit seinen bizarren roten Felsformationen, hübsche Westernstädtchen in der Umgebung wie *Manitou Springs* und gepflegte Golfplätze machen *Colorado Springs* zu einem beliebten Urlaubsziel.

SEHENSWERTES

INSIDER TIPP PRO RODEO HALL OF FAME
Ein gut gestaltetes Museum mit viel Informativem zur Wildwestgeschichte. *Tgl. 9–17 Uhr | Eintritt 6 $ | I-25, Exit 147 | www.prorodeohalloffame.com*

US OLYMPIC TRAINING CENTER ●
Hier wird für Olympia trainiert. Gratisführungen geben Ihnen Einblicke in die Trainingseinrichtungen der US-Athleten. *Mo–Sa | 1750 E Boulder Street | www.teamusa.org*

ÜBERNACHTEN

THE BROADMOOR
Ein elegantes Traditionshotel mit Swimmingpools und Spa, Golf- und Tennisplätzen sowie einer Schlittschuhbahn. *719 Zi. | 1 Lake Av. | Tel. 1719 6 34 77 11 | www.broadmoor.com | €€€*

ZIEL IN DER UMGEBUNG

PIKES PEAK ☆ (135 E4) *(ω L8)*
Der 4301 m hohe Gipfel (40 km westlich) ist wohl einer der berühmtesten Berge Amerikas – voll erschlossen mit Zahnradbahn ab Manitou Springs und einer kurvenreichen Panoramastraße zur Bergspitze, von der man immer wieder großartige Ausblicke hat.

DENVER

(135 F4) *(ω L8)* **Ihren Anfängen als wilde Goldgräberstadt ist Denver, die Hauptstadt Colorados, mit rund 3,2 Mio.**

Repräsentativ in klassizistischem Stil: City & County Building im Civic Center Park von Denver

Einwohnern im Großraum schon lange entwachsen.

Die *Mile High City* – so genannt, weil sie auf 1600 m Höhe an der Ostflanke der Rocky Mountains liegt – lebt heute von Hightechindustrie, Transport- und Energiewirtschaft und gilt mit ihren zahlreichen Parks, dem sonnigen, trockenen Klima und den nahen Bergen als eine der lebenswertesten Metropolen der USA.

CITY WOHIN ZUERST?

Die **116th Street Mall** ist das Herz der Stadt: Am Ostende steht das State Capitol, dahinter das Denver Art Museum. Im Westteil der Mall bummeln Sie vorbei an den Läden und Restaurants des Larimer Square zum Museum of Contemporary Art. Entlang der Mall verkehren kostenlose Shuttlebusse. Parkplätze finden Sie im Einkaufszentrum Denver Pavilions an der Ecke Welton Street.

Die beliebteste Flaniermeile der Stadt ist die *16th Street Mall*, eine Fußgängerzone mit Läden und Cafés. Im Sommer spielen hier abends oft Bands auf den Terrassen der Kneipen, und auch Kultur ist geboten: im neuen *Museum of Contemporary Art (Di–So 10–18 Uhr | Eintritt 8 $ | 1485 Delgany Street)* am Nordwestende der Mall und im *Civic Center Park* am Südostende. Dort warten mehrere Museen und das von einer goldenen Kuppel gekrönte ☀ *State Capitol*.

SEHENSWERTES

DENVER ART MUSEUM
Ein Bau wie eine Burg mit einem 2006 vollendeten Anbau von Daniel Libeskind. Drinnen gibt es hervorragende Sammlungen indianischen Kunsthandwerks. *Di–So 10–17, Fr bis 20 Uhr | Eintritt 13 $ | 100 W 14th Av. Parkway*

MUSEUM OF NATURE & SCIENCE
Die Naturgeschichte der Rockies: Geologie, das Zeitalter der Dinosaurier und die

heutige Flora und Fauna. *Tgl. 9–17 Uhr | Eintritt 13 $ | im City Park*

ESSEN & TRINKEN

BUCKHORN EXCHANGE
Deftige Westernkost erhalten Sie in Denvers ältestem Restaurant: Rippchen und Büffelsteaks. Anfahrt am besten mit

AM ABEND

Beliebt sind die zahlreichen Restaurants und Bars des *Larimer Square (Larimer/15th Street)* oder Minibrauereien wie die *Wynkoop Brewing Company (1634 18th Street)*. Zur Happy Hour geht's ins mexikanische *Tamayo (1400 Larimer Street | Tel. 1720 9 46 14 33)* mit Terrasse

Larimer Square: Hinter renovierten Altstadtfassaden liegen schicke Bars und teure Shops

dem Taxi. *1000 Osage Street | Tel. 1 303 5 34 95 05 | €€€*

TED'S MONTANA GRILL
Bisonburger und Bisonsteaks im Lokal von Bisonzüchter und CNN-Gründer Ted Turner. *1401 Larimer Street | Tel. 1 303 8 93 06 54 | €–€€*

VESTA DIPPING GRILL
Steaks, Ente und Rehfleisch mit zwei Dutzend leckeren Saucen. Zum Konzept gehören viele Regionalprodukte und sogar Allergikerküche. *1822 Blake Street | Tel. 1 303 2 96 19 70 | €€*

im Obergeschoss. Ab 17 Uhr gibt es günstiges Bier und gute Häppchen.

ÜBERNACHTEN

BROWN PALACE
Ein Grandhotel aus der Zeit der Wende zum 20. Jh. mit großartiger Lobby. Zentral gelegen. *241 Zi. | 321 17th Street | Tel. 1 303 2 97 31 11 | www.brownpalace. com | €€€*

COMFORT INN DOWNTOWN
Solides, im Zentrum gelegenes Kettenhotel. *229 Zi. | 401 17th Street | Tel. 1 303 2 96 04 00 | www.comfortinn.com | €€*

ROCKY MOUNTAINS

INSIDER TIPP ▶ CURTIS

Witziges Designhotel, das sich die Pop-kultur zum Thema genommen hat. Gutes Restaurant. *1405 Curtis Street | Tel. 1303 5 71 03 00 | www.thecurtis.com | €€–€€€*

AUSKUNFT

DENVER VISITORS BUREAU
1600 California Street | Tel. 1303 8 92 15 05 | www.denver.org

ZIELE IN DER UMGEBUNG

GOLDEN (135 E4) (*L8*)
Das historische Städtchen 20 km westlich und direkt am Fuß der Berge ist günstiger Ausgangspunkt für Tagestouren in die *Denver Mountain Parks*. Am Gipfel des *Lookout Mountain* ist Buffalo Bills Grab ein beliebtes Ziel aller Westernfans. Angeschlossen ist das *Buffalo Bill Museum (Mai–Okt 9–17 Uhr | Eintritt 5 $)*.

ROCKY MOUNTAIN NATIONAL PARK
(135 E3) (*K7–8*)
Gut 100 km nordwestlich von Denver warten 1080 km² grandiose Bergszenerie im Herzen der Rockies. Die schönste Panoramastraße des Parks, die auf über 3700 m Höhe ansteigt, ist die *Trail Ridge Road* über die kontinentale Wasserscheide. *Visitor Center* und Unterkünfte befinden sich im alten Erholungsort *Estes Park*.

GLACIER NAT. PARK

(127 F1) (*G2*) **Der 4100 km² große Park im Norden Montanas ist mit dem in Kanada angrenzenden Waterton Lakes National Park eines der größten Schutzgebiete der Rocky Mountains.**
Besonders eindrucksvoll ist eine Fahrt auf der ★ *Going-to-the-Sun Road (Juli–Sept.)*. In zahllosen Haarnadelkurven steigt die knapp 85 km lange Straße zum 2036 m hohen *Logan Pass* im Herzen der Rockies hinauf. Die Strecke wurde schon 1932 erbaut, ein Meisterwerk der Ingenieurskunst. Ebenfalls beeindruckend ist eine Bootsfahrt auf einem der Gletscherseen, dem *Lake McDonald* oder dem *Lake Saint Mary*.
INSIDER TIPP Wilde Raftingfahrten und Übernachtungen in einer gemütlichen Blockhüttenlodge bietet das *Great Northern Resort (9 Zi. | 12127 Highway 2 | West Glacier | Tel. 1 800 7 35 78 97 | www.greatnorthernresort.com | €€–€€€)*.

GÄSTERANCHES

Ferien auf der *dude ranch* haben eine lange Tradition in den Rockies und sind die ideale Gelegenheit, das Westernleben original zu erfahren. Die echten *dude* oder *resort ranches* sind recht luxuriöse Reiterhöfe. Uriger geht es auf den familiären *guest ranches* zu, auf denen ebenfalls täglich Ausritte auf dem Programm stehen. Und wer schon gut reiten kann, sollte sich auf einer *working ranch* einmieten, wo noch mit Rindern gearbeitet wird. Das Nonplusultra für Reitfreunde aber ist ein *cattle drive*, bei dem eine Herde zur Sommerweide in die Berge getrieben wird *(www.duderanch.org)*.

GRAND JUNCTION

(135 D4) *(🗺 J8)* **Die lebhafte Farmerstadt (58 000 Ew.) liegt in einem weiten, fruchtbaren Tal an der Mündung des Gunnison River in den Colorado.**
Beliebt bei Dinofans dank des *Dinosaur Journey Museum (tgl. 9–17, im Winter 10–16 Uhr | Eintritt 8,50 $)* und bester Ausgangspunkt für Touren in die spektakuläre Canyonlandschaft des *Colorado National Monument* (gutes Mountainbikerevier) am Westrand des Orts und zum *Black Canyon of the Gunnison National Park* rund 120 km südlich.

JACKSON

(128 C5) *(🗺 H6)* **Das kleine Städtchen (10 000 Ew.) in einem grünen, weiten Tal, dem *Hole Hole*, pflegt sein Cowboyimage mit großer Beharrlichkeit.**
Brettergehsteige und hölzerne Fassaden säumen die Straßen, auf dem Marktplatz stehen vier große Torbögen aus Elchgeweihen, und Cowboybars wie Gästeranches locken Besucher an, die vor allem wegen der grandiosen Berglandschaft des nahen *Grand Teton National Park* kommen (Wanderwege).

FREIZEIT & SPORT

Mehrere Veranstalter bieten ● *Schlauchbootfahrten* auf dem Snake River an (von entspannten *scenic floats* bis zu wilden Raftingtouren), darunter *Dave Hansen River Trips (Tel. 1307 7 33 62 95 | www.davehansenwhitewater.com)* oder *Barker-Ewing Whitewater (Tel. 1307 73 31 00 | www.barker-ewing.com)*, die auch Kanus vermieten.

ÜBERNACHTEN

ALPINE HOUSE
Moderne, gepflegte Frühstückspension in ruhiger Seitenstraße. *22 Zi. | 285 N Glenwood Street | Tel. 1307 7 39 15 70 | www.alpinehouse.com | €€–€€€*

SALT LAKE CITY

(134 B3) *(🗺 G7)* **Salt Lake City, die saubere und weitläufige Hauptstadt Utahs**

MORMONEN

Bis heute führen zwölf Apostel die Mormonen an. Der Ältestenrat bürgt für den konservativen Lebensstil dieser christlichen Sekte ohne Sünden wie Alkohol oder Tabak – und ohne viele Rechte für die Frauen. Joseph Smith aus Vermont hatte 1827 in einem Traum das Buch „Mormon" von einem Engel empfangen und niedergeschrieben. Unter ihrem nächsten Anführer Brigham Young wanderten die Gläubigen 1847 gen Westen aus, machten die Wüsten um den Salt Lake fruchtbar und gründeten den späteren Bundesstaat Utah. Dort ist die Kirche Jesu Christi der „Heiligen der Letzten Tage", so nennen sich die Mormonen selbst, bis heute die wichtigste politische und wirtschaftliche Kraft.

Salt Lake Temple: Die neogotische Kirche ist das Zentrum der mormonischen Welt

mit 1,2 Mio. Einwohnern, liegt in der Talebene am Ostrand des Great Salt Lake vor der Kulisse der 3500 m hoch aufragenden Wasatch Mountains.

Trotz zahlreicher moderner Industriebetriebe für Elektronik, Textilverarbeitung und Energiewirtschaft ist die Stadt vor allem als religiöses Zentrum der „Kirche Jesu Christi der Heiligen der Letzten Tage", der Mormonen, bekannt. Nach Verfolgungen im Osten der USA zogen die mormonischen Pioniere 1847 gen Westen, begründeten im Tal des Salt Lake einen Gottesstaat und machten die Wüste fruchtbar. Viele Denkmäler erinnern an die historische Wanderung.

die nicht mormonische Öffentlichkeit geschlossen, doch gibt es einige andere historische Gebäude wie das *Haus des Mormonenführers Brigham Young* und die *Tabernacle-Konzerthalle*, die zur Besichtigung offen stehen. *Kostenlose Führungen auch auf Deutsch, tgl. 9–21 Uhr, Chorkonzerte Do 19.30–21.30, So 9.30 Uhr | Eintritt frei*

THIS IS THE PLACE STATE PARK
Ein Museumsdorf und Ausstellungen veranschaulichen den Zug der Pioniere nach Westen. *Mo–Sa 9–17, So 10–17 Uhr, Museumsdorf nur im Sommer | Eintritt 11 $ | Emigration Canyon*

SEHENSWERTES

TEMPLE SQUARE
Fast alle Attraktionen, die das Weltzentrum der Mormonen zu bieten hat, liegen um diesen Platz im Stadtmittelpunkt. Der sechstürmige *Temple* (1853–93) ist für

ESSEN & TRINKEN

SQUATTERS PUB
Moderne amerikanische Küche mit überwiegend Biozutaten, eigene Biere und eine hübsche Terrasse. *147 W Breadway | Tel. 1 801 3 63 27 39 | €€*

ÜBERNACHTEN

PEERY ♲
Ein liebevoll renoviertes, älteres Hotel im Zentrum der Stadt, das sich bei Wasser- und Stromverbrauch an ökologische Standards hält. Gutes Restaurant. *73 Zi. | 110 W 300 S | Tel. 1 801 5 21 43 00 | www. peeryhotel.com | €€*

FREIZEIT & SPORT

Die Stadt besitzt die besten Skigebiete Utahs. Nach *Alta, Snowbird* oder *Park City*, wo 2002 die Olympischen Winterspiele stattfanden, ist es von der Innenstadt aus nur eine halbe Stunde Fahrt. Der *Olympic Park (www.utaholympiclegacy.com)* dort bietet allerlei Funsportarten wie Rodelabfahrten im Sommer und Zipline-Sprünge von der Skischanze.

AUSKUNFT

UTAH TRAVEL COUNCIL
Infobüros gegenüber dem Capitol | Council Hall | 300 N State | Tel. 1 800 2 00 11 60 | www.utah.com

ZIEL IN DER UMGEBUNG

TIMPANOGOS CAVE (134 B3) (*ω G7*)
In der großen Höhle an der Nordflanke des 3581 m hohen Mount Timpanogos (50 km südöstlich) sind spektakuläre Tropfsteinformationen zu bewundern. *Führungen (3 Std.)*

LOW BUDGET

▶ Günstiger als bei *Sam's No. 3 (1500 Curtis Street | Tel. 1 303 5 34 19 27 | www.samsno3.com)* können Sie sich in Denver nicht an Burgern, Hot Dogs und Chili satt essen.

▶ 1896 überließen die Shoshone-Indianer die heißen Quellen von Thermopolis der weißen Regierung mit der Auflage, dass das Baden hier „für alle Zeiten und für alle Menschen" kostenlos bleiben solle. Und so ist es im *Hot Springs Park* von Thermopolis, Wyoming, bis heute.

▶ Selbst in den nobelsten Skiorten finden junge *ski bums* günstige Hostels. Schlafsaalpreise liegen bei 30–40 $, Doppelzimmer bei gut 125 $, z. B. in Park City im *Chateau Apres (1299 Norfolk Av. | Tel. 1 435 6 49 93 72 | www.chateauapres.com)*.

SHERIDAN

(129 E4) (*ω A4*) **Das Rancherstädtchen Sheridan (16 000 Ew.) mitten im Land der Indianer und Cowboys im Norden von Wyoming hat sich den Charakter einer Westernstadt bewahrt.**

Vor den Saloons der Main Street (z. B. der `INSIDER TIPP` ▶ *Mint Bar*) reihen sich Harleys und Pick-up-Trucks. Am Wochenende geht es hoch her – ein raues Vergnügen. Nördlich dehnen sich große Indianerreservate aus. In den nahen *Bighorn Mountains* laden Gästeranches zu *trailrides* ein.

ZIEL IN DER UMGEBUNG

LITTLE BIGHORN BATTLEFIELD NATIONAL MONUMENT (129 D–E4) (*ω K4*)
In der heutigen Crow Indian Reservation liegt das Schlachtfeld des größten Siegs, den die Indianer über die Weißen errangen. Im Juni 1876 unterlag General Custer den Sioux- und Cheyennekriegern

unter der Führung von Sitting Bull und Crazy Horse am Little Bighorn River. Filmvorführungen im *Visitor Center. Im Sommer tgl. 8–20 Uhr | Eintritt 10 $ pro Fahrzeug | 100 km nördlich von Sheridan an der I-90 | www.nps.gov/libi*

YELLOWSTONE NAT. PARK

KARTE IM HINTEREN UMSCHLAG
(128 B–C 4–5) (ℳ H5) **Das gut 8990 km² große Schutzgebiet des ● Yellowstone National Park im waldreichen Nordwesten Wyomings wurde bereits 1872 gegründet und ist damit der älteste Nationalpark der USA.**

Ein geologisches Wunderland mit bunt gefärbten Schluchten, dampfenden Schwefelquellen, Schlammtöpfen und über 200 Geysiren, darunter der legendäre ★ *Old Faithful,* der etwa alle zwei Stunden mit einer 30–55 m hohen Fontäne ausbricht.

Dazu kommt eine reiche Tierwelt: 4000 Amerikanische Büffel, Elche, Hirsche, Grizzlybären, Biber und Bergschafe. Von den Waldbränden des Jahres 1988, die knapp 4000 m² des Parks erfassten, hat sich die Vegetation inzwischen gut erholt. *Museen* und *Visitor Centers* erläutern die Geologie und Tierwelt, Lehrpfade erschließen die interessantesten Punkte.

Speit heißes Wasser: Old Faithful

ÜBERNACHTEN

INSIDER TIPP CHICO HOT SPRINGS
Alte Lodge mit heißen Quellen, hervorragendem Restaurant und urigem Saloon. *90 Zi. | Paradise Valley, ca. 30 Min. Fahrzeit nördl. an der US 89 | Pray | Montana | Tel. 1406 3 33 49 33 | www. chicohotsprings.com | €–€€€*

YELLOWSTONE LODGES
Alle Hotels des Parks wie z. B. das historische *Old Faithful Inn* oder das rustikale *Lake Yellowstone Hotel & Cabins* werden von *Xanterra Resorts (Tel. 1307 3 44 73 11 | www.yellowstonenationalparklodges. com | €€–€€€)* verwaltet. Achtung: Für den Sommer sollten Sie bereits mehrere Monate im Voraus reservieren!

AUSKUNFT

YELLOWSTONE NATIONAL PARK
Tel. 1307 3 44 73 81 | www.nps.gov/yell

TEXAS &
DIE PRÄRIEN

Go west, young man, und steck deinen Claim ab. Die Grenzen größerer Einheiten wurden mit dem Lineal auf dem Kartentisch in Washington gezogen.

Wie Stücke aus einer großen Kuchenplatte, ein bisschen unregelmäßig geschnitten, sind die Gebiete etwa so aufgeteilt: oben die beiden rechteckigen Dakotas, darunter – auch fast rechteckig – Nebraska und Kansas. Südlich von Kansas sind die nicht mehr ganz so gradlinigen Oklahoma und Texas fast ein eigenes Land – was sie in ihrer Größe und Bedeutung auch einmal waren.

In den Prärien muss man sich auf Leere einstellen. John Steinbecks *Okies* zogen mit gutem Grund aus der „Staubschüssel". Viele folgten. Seit den 1930er-Jahren ist die Bevölkerungszahl der Plains ständig gesunken. Zwei Drittel des amerikanischen Weizens wachsen auf den immensen Ebenen, und in den letzten Jahren, seit Biobenzin in Mode kam, auch viel Mais für die Ethanolherstellung.

Wen wundert's, dass South Dakotas Mondlandschaften zu Recht *Badlands* heißen, dass der Mount Rushmore mit den Präsidentenköpfen der meistbesuchte Platz ist, und dass die Natur die einzigen Dramen produziert: spektakuläre Gewitter und Tornados.

Texas ist gar nicht viel anders, nur heißer, an der Grenze zu Mexiko pittoresker und insgesamt unterirdisch gesegneter – mit Öl. Überall sieht man die nickenden Pumpenköpfe, die wie übergroße, stählerne Bienen den schwarzen Nektar aus dem Boden saugen. Dieser

Weizen und Mais, Öl und Rinder: Das ehemalige Indianerland wird von dem geprägt, was der Boden hergibt

Nektar lässt sich heute mehr denn je so schnell in Geld verwandeln, dass die Glas- und Stahltürme von Houston und Dallas sicher auf lange Zeit wichtige Machtzentren der USA bleiben werden.

AMARILLO

(136 B5) (🗺 M11) Der *panhandle* von Texas, der äußerste Norden, ist eine schier endlose Ebene. In dem von Trappern und Siedlern einst gefürchteten

Llano Estacado herrschten noch vor 130 Jahren die Komantschen.
Heute regiert in *Amarillo* (190 000 Ew.) die Ölindustrie, und die Stadt sitzt auf 90 Prozent der weltweiten Heliumvorkommen. Dienstags ist seit 100 Jahren große Viehauktion. Die Attraktionen sind das neue *American Quarter Horse Museum (im Sommer Mo–Sa 9–17 Uhr | Eintritt 6 $ | 2601 I-40 East)*, in dem die bei den Cowboys beliebteste Pferderasse gefeiert wird, und die *Cadillac Ranch (an der I-40, 15 km westlich)*, eine Pop-Art-Skulp-

tur aus zehn kopfüber in die Prärie gesteckten Cadillacs. Stilecht essen können Sie in der **INSIDER TIPP** *Big Texan Steak Ranch (7701 I-40 E | Tel. 1 806 3 72 60 00 | €€–€€€)*. Wer das 2 kg schwere Steak schafft, zahlt nichts.

PALO DURO CANYON
(136 B5–6) (*N11*)

Nach einem Besuch im ausgezeichneten *Panhandle-Plains Historical Muse-

AUSTIN

(143 D3) (*P13–14*) **Austin, die Hauptstadt von Texas, hat sich seit ihrer Gründung 1840 zur lebenswerten Hightechmetropole mit mehr als 1,8 Mio. Menschen entwickelt.**

Eine große Universität und viele Technologiefirmen sorgen für eine junge Bevölkerung, was sich in einer lebendigen Restaurant- und Musikszene niederschlägt. Nicht verpassen dürfen Sie einen Blick

Das 1888 errichtete State Capitol von Austin ist höher als das von Washington

um *(Mo–Sa 9–18, im Winter Di–Sa 13–17 Uhr | Eintritt 10 $)* in Canyon, rund 30 km südöstlich von Amarillo, wartet östlich des Städtchens die rote Schluchtenwelt des gut 400 m tiefen und rund 100 km langen ☀ Canyon samt Panoramastraßen und Wanderwegen. Juni bis August wird das Musical „Texas" *(Tel. 1 806 6 55 21 81 | www.texas-show.com)* im großen Amphitheater aufgeführt.

in das pompöse *State Capitol* (Ausstellungen über Texas) und einen Bummel durch den bunten *Central Market (40th Street/Lamar Blvd.)*. Das beliebteste Ziel im Sommer sind die *Barton Springs* im Zilker Park mit einem 300 m langen Pool, der aus Naturquellen gespeist wird. Ganz natürlich ist auch ein allabendliches Spektakel um die *Congress Avenue Bridge*: Hier nisten den Sommer über rund 1,5 Mio. Fledermäuse, die gegen Sonnenuntergang in riesigen schwarzen Wolken zur Futtersuche ausschwärmen (auch auf Bootstouren zu beobachten).

SEHENSWERTES

TEXAS STATE HISTORY MUSEUM

Alles über Texas – von den Indianern bis zur Ölindustrie. Mit Imaxkino. *Mo–Sa 9–18, So 12–18 Uhr | Eintritt 9 $ | 1800 N Congress Av.*

ESSEN & TRINKEN

THE OASIS ☼

Dinner und Drinks mit herrlichem Blick über das Hill Country. *20 km westlich | 6550 Comanche Trail | Tel. 1512 2 66 24 42 | €€*

THREADGILL'S

Ein klassischer Diner in einer alten Tankstelle – und ein Pilgerziel für Musikfans, denn Janis Joplin begann hier ihre Karriere. *6416 N Lamar Blvd. | Tel. 1512 4 51 54 40 | €*

EINKAUFEN

Die mit über 100 Markenläden größte Outlet-Mall in Texas sind die *Premium Outlets of San Marcos (I-35, Exit 200)* zwischen Austin und San Antonio.

AM ABEND

Austins Nachtleben konzentriert sich um die *6th Street* und im alten *Warehouse District* um die *W 5th Street,* wo in den Clubs Country-, Blues- und Jazzbands spielen. Tipp: *Antone's (213 W 5th Street | www.antones.net)* oder am Südende der Stadt die klassische *Honky-Tonk Dance Hall Broken Spoke (3201 S Lamar Street | www.brokenspokeaustintx.com).*

AUSKUNFT

AUSTIN VISITOR CENTER
209 E 6th Street | Tel. 1866 4 62 87 84 | www.austintexas.org

BLACK HILLS

(130 A4) (॥ L5) **Seit Kevin Costners Monumentalfilm „Der mit dem Wolf tanzt" ist das ungefähr 150 km lange Mittelgebirge im Westen South Dakotas filmbekannt.**

Wie eine kühle Oase ragt es aus der Prärie auf. Aus der Ferne geben die Tannen- und Kiefernwälder den Bergen einen dunklen, fast schwarzen Anschein:

⭐ **Mount Rushmore & Crazy Horse**
In Stein gehauene Präsidentenköpfe – monumentales Pilgerziel für alljährlich Millionen von Besuchern → S. 86

⭐ **Badlands National Park**
Ein Blick in die bizarre Landschaft eines zerklüfteten Prärieplateaus, geschaffen aus weißer vulkanischer Asche → S. 87

⭐ **Billy Bob's**
Ein Countrysaloon der Superklasse in Fort Worth → S. 88

⭐ **Space Center Houston**
Raumfahrt hautnah erfahren, ohne auf Wolken zu schweben → S. 92

⭐ **Riverwalk**
Alle Klischees von Old Mexico in San Antonio → S. 94

MARCO POLO HIGHLIGHTS

daher ihr Name *Black Hills*. Den Sioux-Indianern waren die Berge heilig, die Weißen entdeckten dort Gold, und heutigen Besuchern sind sie eine vielfältige Erholungslandschaft mit Panoramastraßen wie etwa dem  *Needles Highway,* Wanderwegen und einer frei lebenden

MOUNT RUSHMORE & CRAZY HORSE ★ ●

Im zentralen Teil der Hills liegt Amerikas größtes Nationalheiligtum, das jedes Jahr ca. 2 Mio. Besucher anzieht: *Mount Rushmore*. Die vier je 20 m hohen Köpfe der Präsidenten George Washington,

Touristenmagnet Mount Rushmore, der „Altar der US-amerikanischen Demokratie"

Bisonherde mit fast 2000 Tieren im *Custer State Park.* Der beste Ausgangspunkt für Touren zum *Mount Rushmore* und den großen Tropfsteinhöhlen *Black Hills Caverns, Jewel Cave* und *Wind Cave National Park* ist die zweitgrößte Stadt von South Dakota, *Rapid City.*

SEHENSWERTES

DEADWOOD

Eine 1876 gegründete Goldgräberstadt, auf deren Friedhof die Westernlegenden Wild Bill Hickok und Calamity Jane ruhen. Im Saloon No. 10 an der Main Street wird jeden Nachmittag der unzeitige Tod von Wild Bill nachgestellt – erschossen beim Pokern, na klar.

Thomas Jefferson, Theodore Roosevelt und Abraham Lincoln wurden 1927–41 in den Berg gehauen, gesprengt und gemeißelt. Rund 30 km weiter westlich entsteht das Gegenstück: das fast 200 m hohe Standbild *Crazy Horse,* gewidmet dem legendären Sioux-Krieger, der General Custer am Little Bighorn besiegte. Aber es gibt auch unbehauene Berge, so den *Devil's Tower* am Nordrand der Hills: ein 260 m hoher Vulkanschlot, der wie ein versteinerter Baumstumpf aussieht.

THE JOURNEY

Ausgezeichnetes Indianermuseum. *Tgl. 9–17, Winter Mo–Sa 10–17, So 13–17 Uhr | Eintritt 8,25 $ | 222 New York Street | Rapid City | www.journeymuseum.org*

EINKAUFEN

PRAIRIE EDGE GALLERY
Einer der besten Läden der USA für authentische Kunst der Präriestämme: Perlenstickereien, Malerei, Schnitzerei. *6th Street/Main Street*

ÜBERNACHTEN

ALEX JOHNSON
Renovierter Glanz vom Anfang des 20. Jhs., filmbekannt aus Hitchcocks „Der unsichtbare Dritte". *140 Zi. | 523 6th Street | Rapid City | Tel. 1605 3 42 12 10 | www.alexjohnson.com | €€*

FRANKLIN
Historisches Westernhotel mit schöner alter Bar. *81 Zi. | 709 Main Street | Deadwood | Tel. 1605 5 78 36 70 | www. silveradofranklin.com | €*

INSIDER TIPP ▶ RED ROCK RIVER RESORT
Liebevoll renoviertes B & B in einem verschlafenen, alten Kurort aus dem Wilden Westen; eigenes Spa, guter Cappuccino zum Frühstück. *9 Zi. | 603 N River Street | Hot Springs | www.redrockriverresort. com | €–€€*

AUSKUNFT

RAPID CITY VISITORS BUREAU
444 Mount Rushmore Road N | Rapid City | Tel. 1800 4 87 32 23 | www. visitrapidcity.com

ZIEL IN DER UMGEBUNG

BADLANDS NATIONAL PARK ★
(130 B4–5) (*M5–5*)
Regen und Wind haben aus dem weichen, einst flachen Prärieboden rund 100 km östlich der Black Hills (an der I-90) phantastische Säulen und Schluchten geschnitzt. Das 35 Mio. Jahre alte Sedimentgestein besteht großteils aus weißer vulkanischer Asche, was der ganzen Landschaft ein geisterhaftes Aussehen verleiht (Wanderwege, Besucherzentrum, *www.nps.gov/badl/index.htm*).
Das winzige Dorf *Wall* am Rand des Nationalparks zelebriert amerikanischen Kitsch in Reinform. Dort steht der selbst ernannte größte *drugstore* des Lands: INSIDER TIPP ▶ *Wall Drug*. In einem Labyrinth von Gängen warten hier Plastikbüffel, bunte Westernhemden und viel anderer herrlicher Kitsch.

DALLAS/ FORT WORTH

(143 D1) (*P12*) **Seit J. R. auf den Bildschirmen weltweit sein Unwesen trieb, ist Dallas berühmt, und das Klischee erweist sich als gar nicht so falsch.**
Der große Ölboom der 1930er-Jahre hat Dallas und seine 50 km westlich gelegene Schwesterstadt Fort Worth zu finanzkräftigen Metropolen (7 Mio. Ew.) mit mehr Millionären und dicken Allradwagen als sonst wo im reichen Texas gemacht. Heute sorgen Banken, Elektronik- und Textilindustrie für kräftiges Wachstum. So kann sich Dallas spiegelnde Wolkenkratzer leisten, ein Rathaus von I. M. Pei, ein Theater von Frank Lloyd Wright, das *Nasher Sculpture Center* mit modernen Plastiken von Weltrang, die *Southfork Filmranch (tgl. Führungen)* und schicke Shoppingcenter wie die *Galleria* oder das *Crescent Court Center*.
Fort Worth glänzt dafür mit hervorragenden Museen. Der restaurierte *Stockyards District* zeugt von der Bedeutung der Stadt als Viehstation. Und noch etwas: Präsident Kennedy wurde 1963 in Dallas ermordet. Ein schlichtes, eindrucksvol-

les Denkmal an der Kreuzung Main und Market Sts. und die Ausstellung *The Sixth Floor (tgl. 10–18 Uhr, Mo ab 12 Uhr | Eintritt 16 $ | 411 Elm Street | www.jfk.org)* erinnern an ihn.

SEHENSWERTES

AMON CARTER MUSEUM ●

Die schönsten Werke von Frederic Remington und Charles Russell und viel andere Westernkunst. *Di–Sa 10–17, Do 10–20 Uhr, So 12–17 Uhr | Eintritt frei | 3501 Camp Bowie Blvd. | Fort Worth*

KIMBELL ART MUSEUM ●

Großartige Kunstsammlung von Caravaggio bis Piet Mondrian. *Di–Do, Sa 10–17, Fr 12–20, So 12–17 Uhr | Eintritt frei | 3333 Camp Bowie Blvd. | Fort Worth*

LOW BUDGET

▶ Sparen mit Discount-Pässen: Das San Antonio Visitors Bureau verkauft den *San Antonio and Beyond Card* (ab 39 $, rund 50 Prozent Ersparnis). In Houston gibt es den *Citypass* (sechs Attraktionen inkl. Nasa-Zentrum 46 $).

▶ Dallas ist nicht gerade berühmt für öffentliche Verkehrsmittel, aber Bus und Bahn sind hier spottbillig: 5 $ der Tagespass, 10 $ für die Region (inkl. Fort Worth und Flughafen).

▶ Die *Red Cloud Indian School (Highway 18 | Pine Ridge),* eine Jesuitenmission im *Pine Ridge Reservat* von South Dakota, verkauft in ihrem Laden sehr gute und günstige indianische Kunst. Dazu jeden Sommer Kunstauktion.

THE MODERN

Neu und gut: Der gläserne Bau des Japaners Tadeo Ando birgt moderne Kunst von Baselitz bis Andy Warhol. *Di–So 10–17, Fr bis 20 Uhr | Eintritt 10 $ | 3200 Darnell Street | Fort Worth*

NATIONAL COWGIRL MUSEUM

Eine Ruhmeshalle für die Frauen des Wilden Westens. *Di–So 12–17 Uhr | Eintritt 10 $ | 61720 Gendy Street | Fort Worth*

ESSEN & TRINKEN

JOE T. GARCIA'S

In Mexiko könnten die *enchiladas* und *fajitas* nicht authentischer und die Terrasse nicht schöner sein. *2201 N Commerce Street | Tel. 1817 6 26 43 56 | €*

INSIDER TIPP ▶ MIKE ANDERSON'S BBQ

Gemütlich, rauchig – eines der BBQ-Lokale der Stadt. Auch mit Terrasse. Nur Lunch. *So geschl. | 5410 Harry Hines Blvd. | Tel. 1214 6 30 07 35 | €*

AM ABEND

Die Zentren des Nachtlebens in Dallas sind der *West End Historic District* und das Trendviertel *Deep Ellum* mit zahlreichen Blues- und Jazzclubs. In Fort Worth trifft man sich im *Stockyards District*.

BILLY BOB'S ★

Der weltweit größte Country- & Westernclub mit gut 40 Bars, zahlreichen Lokalen, Shops und eigener Indoor-Rodeoarena! *2520 Rodeo Plaza | Fort Worth | Tel. 1817 6 24 71 17 | www.billybobstexas.com*

GILLEY'S DALLAS

Riesiger Westernclub. Gratisunterricht in *line dancing*, danach Live-Countrymusik. *1135 S Lamar Street | Dallas | Tel. 1214 4 21 20 21 | www.gilleysdallas.com*

TREES DALLAS

Rock-Club mit sehr guten Bands. *2709 Elm Street | Tel. 1214 7 41 11 22 | treesdallas.com*

BEST WESTERN MARKET CENTER

Sauber und solide, nahe zur Innenstadt. *98 Zi. | Dallas | 2023 Market Center Blvd. | Tel. 1214 7 41 90 00 | www.bestwestern. com | €€*

HYATT REGENCY 🌿

Ein spiegelndes Megahotel, wie Dallas es verdient. Als Krönung ein Restaurant im Turm mit tollem Blick über die Stadt. *943*

EL PASO

(141 E4) (₥ K13) **Die rasch wachsende Metropole El Paso (830 000 Ew.) am Nordufer des Rio Grande ist die wichtigste Grenzstadt zu Mexiko und damit ein guter Ausgangspunkt für Touren durch das heiße Westtexas und in das benachbarte Ciudad Juarez in Mexiko mit vielen Restaurants und Bars.**

El Paso selbst ist eine wirtschaftskräftige Stadt dank Baumwollverarbeitung und Billiglohnfabriken, die vor allem mexikanische Arbeiter beschäftigen. Sehenswert sind die *Missionen* aus der spanischen Zeit um 1680.

Billy Bob's: ein riesiger Club auf über 11 000 m² mit Restaurants, Spielhallen und Rodeo

Zi. | Dallas | 300 Reunion Blvd. | Tel. 1214 6 51 12 34 | www.dallasregency.hyatt. com | €€€

DALLAS VISITORS CENTER

Old Red Courthouse | 100 S Houston Street | Tel. 1214 5 71 13 16 | www. visitdallas.com

BIG BEND NATIONAL PARK
(142 A4) (₥ M14)

Einsam ist es und heiß. Der 3242 km² große Park sechs Fahrstunden südöstlich von El Paso liegt in den dramatisch aufragenden, bis 2500 m hohen *Chisos Mountains*. Gut 60 Kakteenarten wachsen hier, Berglöwen und Kojoten durchstreifen die felsigen Täler. Das schönste Wildnisabenteuer bietet eine INSIDERTIPP Schlauchboottour auf dem Rio Grande, der entlang der mexikanischen Grenze durch drei gewaltige, bis 300 m tiefe Canyons strömt. Raftingsaison: Herbst bis Frühjahr, Buchung bei *Far Flung Outdoor Center (P. O. Box 377 | Terlingua | Tel. 1800 8 39 72 38 | bigbendfarflung.com)*.

HOUSTON

(143 E–F 3–4) (*Q14*) **Houston, die größte Stadt des „Lone Star State" Texas (6,3 Mio. Ew.) und viertgrößte Stadt Amerikas liegt in der weiten Küstenebene am Golf von Mexiko und ist eine typische Boomtown.**

Seit der Wende zum 20. Jh. haben immer neue Ölvorkommen ein sprunghaftes Wachstum ausgelöst. Von den Anfängen der kurzen, aber wechselvollen Geschichte zeugen heute im Schatten der hypermodernen Wolkenkratzer nur noch ein paar *Pionierhäuser* im Sam Houston Park und das ⚜ *San Jacinto Monument,* ein 50-stöckiger Obelisk mit einem Museum über die entscheidende Schlacht des texanischen Unabhängigkeitskriegs. Houston, das kulturelle und wirtschaftliche Zentrum der Golfküste, ist zudem Sitz

CITY WOHIN ZUERST?
Erster Stopp: **Sam Houston Park** mit Pionierhäusern und Visitor Center. Weiter durch die Wolkenkratzer der Downtown zum Market Square, dem alten Herzen der Stadt. Danach lohnt sich eine Fahrt (Auto oder MetroRail) auf der Main Street nach Süden zum Museum District mit seinen exzellenten Kunstmuseen. Entlang der *Main Street* verkehrt die MetroRail. Parkmöglichkeit: Market Square.

der *Nasa,* des *Texas Medical Center,* eines führenden Krebsforschungsinstituts, des *Astrodome* und der *Houston Symphony.*

SEHENSWERTES

GEORGE RANCH
Rinder und Öl: Die Geschichte dieser authentischen Ranch im Südwesten der Stadt ist die Geschichte von Texas. *Di– Sa 9–17 Uhr | Eintritt 10 $ | 10215 FM 762 Road | Richmond | www.georgeranch.org*

MENIL COLLECTION
Renzo Piano schuf den Museumsbau, drinnen wartet exquisite europäische

PIT-BARBECUE

Barbecue (abgekürzt BBQ) ist die einzige Kochform, die wirklich aus Amerika stammt. Und es ist die samstägliche Lieblingsbeschäftigung vieler Familien. Doch ein privates Grillfest ist längst noch kein Barbecue – und schon gar kein *Texas Pit-BBQ*. Dazu braucht man einen speziellen Ziegelofen, den *pit*, die richtige Gewürzmischung und Eichen- oder Mesquiteholz. Das Fleisch wird langsam über Holzkohlen gegart. Das Geheimnis liegt in der Marinade und im charakteristischen Rauchgeschmack. Vor allem in der Region um Austin gibt es viele alteingesessene *Pit-BBQs* – ein echt texanischer Genuss.

Kunst: byzantinische und mittelalterliche Gemälde ebenso wie Kunstwerke der Surrealisten. *Mi–So 11–19 Uhr | Eintritt frei | 1515 Sul Ross | www.menil.org*

INSIDER TIPP ▶ ROTHKO CHAPEL ●
Die moderne, achteckige Kapelle ist eines der Schmuckstücke der Stadt, entworfen von Stararchitekt Philip Johnson und ausgestattet mit Gemälden des Expressionisten Mark Rothko. *Tgl. 10–18 Uhr | Eintritt frei | 1409 Sul Ross | www.rothkochapel.org*

ESSEN & TRINKEN

BRENNER'S STEAKHOUSE
Super-Steaks in einem nostalgisch gestylten Blockhaus – ein Klassiker. *10911 Katy Freeway | Tel. 1713 4 65 29 01 | €€€*

MARIA SELMA
Mexikanisches Lokal mit Terrasse. *1617 Richmond Av. | Tel. 1713 5 28 49 20 | €€*

ÜBERNACHTEN

CANDLEWOOD SUITES
Modernes Suitemotel nahe dem Nasazentrum. *122 Zi. | 2737 Bay Area Blvd. | Tel. 1281 4 61 30 60 | www.candlewoodsuites.com | €*

HOTEL ZAZA
Elegantes Hotel in einem historischen Haus des Museumsviertels. *5701 Main Street | Tel. 1713 5 26 19 91 | www.hotelzaza.com | €€€*

AUSKUNFT

GREATER HOUSTON CONVENTION & VISITORS BUREAU
901 Bagby | Tel. 1713 4 37 52 00 | www.visithoustontexas.com

Boomtown Houston: Kunst und spiegelnde Fassaden

ZIELE IN DER UMGEBUNG

GALVESTON (143 F4) (*ĎĎ R14*)
Der alte Hafenort (57 000 Ew.) auf einer Insel im Golf von Mexiko ist das beliebteste Badeziel der Städter aus dem eine Fahrstunde entfernten Houston. Die Stadt wurde 2008 von Hurrikan Ike

schwer verwüstet, aber die viktorianischen Häuser wie *Bishop's Palace (tgl. 10–17 Uhr | Eintritt 10 $ | 1402 Broadway)* von 1893 wurden wieder zu alter Pracht restauriert – und die 50 km Strände sind so weit und sonnig wie immer.

SOUTH PADRE ISLAND
(143 D6) (*P15–16*)

170 km weiße Sandstrände, kleine Fischerhäfen und Naturparks besitzt die lang gestreckte Insel im äußersten Süden von Texas. Das *Aransas National Wildlife Refuge* ist die Winterheimat der fast ausgestorbenen Schreikraniche und 300 weiterer Vogelarten.

SPACE CENTER HOUSTON ★
(143 F4) (*Q14*)

Von hier aus wurde der Mond erobert und die Spaceshuttles gesteuert. Heute dient es noch der Kommunikation mit der Internationalen Raumstation. Durch sein *Besucherzentrum (Mo–Fr 10–17, Sa/So 10–19 Uhr | Eintritt 23 $ | 40 km* *südlich an der I-45 | www.spacecenter. org)* ist das 16 km² große Nasa-Hauptquartier garantiert besser als jeder Vergnügungspark. Große Ausstellung von Raumfahrtkapseln, darunter die Saturn-5-Rakete, hervorragender Omnimaxfilm über das Astronautentraining.

KANSAS CITY

(137 F2) (*Q8*) **Umgeben von endlosen Feldern und Weiden liegt die gut geplante Stadt (2,3 Mio. Ew.) am Ufer des Missouri River und ist unbestritten das wichtigste Landwirtschaftszentrum Amerikas.**

Hier wird das Korn der Prärien gemahlen, hier werden die Rinder verkauft. Aber das dürfen Sie in *Kansas City* niemandem vorhalten. Die Stadt gibt sich kosmopolitisch: Schon vor 70 Jahren hat man Statuen aus Europa eingeführt, um die Boulevards zu schmücken. Kansas City leistet sich ein spannendes Kunst-

Space Center Houston: wissenschaftliche Weltraumforschung vereint mit großer Show

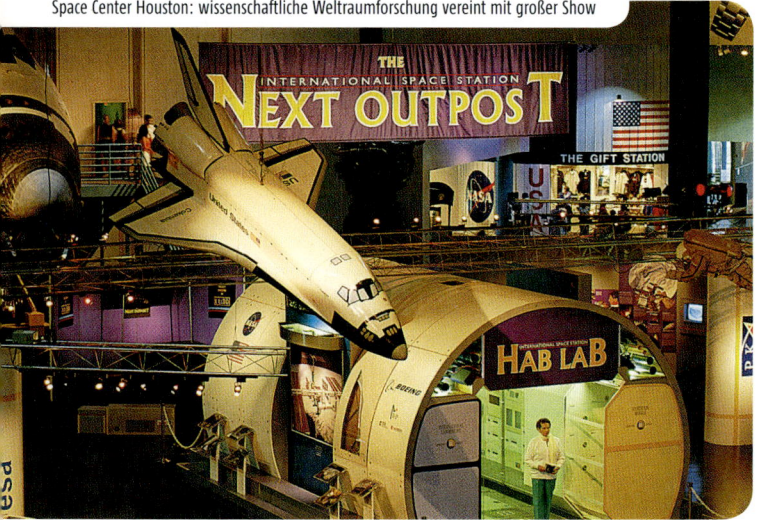

museum, hier stehen das älteste Shoppingcenter Amerikas, die maurisch gestylte *Country Club Plaza* und auch eines der modernsten, das fast 400 Mio. Dollar teure *Crown Center.*

SEHENSWERTES

NELSON-ATKINS MUSEUM OF ART
Hervorragende Sammlung asiatischer Kunst sowie moderner Skulpturen. Sehenswert: das abends beleuchtete, neue *Bloch Building* umrahmt von einem Skulpturengarten. *Mi 10–16, Do/Fr 10–21, Sa 10–17, So 12–17 Uhr | Eintritt frei | 4525 Oak Street | www.nelson-atkins.org*

ESSEN & TRINKEN

INSIDER TIPP ▶ ARTHUR BRYANT'S
Es liegt zwar in schäbiger Nachbarschaft, bietet aber angeblich das beste Barbecue in Amerika – mit gigantischen Portionen. *1727 Brooklyn Av. | Tel. 1816 2 31 11 23 | €*

THE GOLDEN OX
Steaks, Steaks, Steaks. Nebenan finden die Viehauktionen statt. *1600 Genessee Av. | Tel. 1816 8 42 28 66 | €€€*

AM ABEND

Wo Count Basie und Charlie Parker ihre Karrieren begannen, wird auch heute noch guter Jazz und Blues gespielt, so im *Phoenix Jazz Club (302 W 8th Street)*. Zahlreiche Musikclubs, Bars und Lokale finden Sie im historischen *Power & Light District* am Rand der Innenstadt um 13th/Walnut Street, wo man abends sogar bummeln kann – recht ungewöhnlich für eine amerikanische City. Für Musikfans ein Muss: das *American Jazz Museum (www.americanjazzmuseum.org)*, INSIDER TIPP ▶ abends mit traditionellen Jamsessions im *Jam Theater*.

ÜBERNACHTEN

BEST WESTERN SEVILLE PLAZA
Gutes Motel nahe der Country Club Plaza und der Nelson Atkins Art Gallery. *80 Zi. | 4309 Main Street | Tel. 1816 5 61 96 00 | www.bestwestern.com | €–€€*

AUSKUNFT

KANSAS CITY VISITORS BUREAU
Country Club Plaza | 4709 Central Av. | Tel. 1816 2 21 52 42 | www.visitkc.com

ZIELE IN DER UMGEBUNG

INSIDER TIPP ▶ BRANSON (0) (*⊞ R9*)
300 km südöstlich von Kansas City und 50 km südlich von Springfield in den Ausläufern der Ozark Mountains liegt Branson, ein Zentrum der Country- und Westernmusikszene. Ganzjährig finden hier Konzerte statt – in über 30 Musikhallen entlang der SR 76, des *76 Country Blvd.*

DODGE CITY (136 C3) (*⊞ N9*)
Die Stadt (25 000 Ew.) in der weiten Prärie 400 km westlich von Kansas City war 1872–90 einer der wildesten Orte im Wilden Westen. Die Wochen dauernden Viehtriebe zur Bahnstation und die Schießereien zwischen gesetzlosen Revolverhelden und Marshalls wie Wyatt Earp wurden folglich auch in zahlreichen Filmen verewigt. An der *Historic Front Street* lebt die Westernatmosphäre fort: mit Stuntschießereien, Postkutschenfahrten und Melodramen. Sehenswert zur lebhaften Geschichte der Stadt: das *Boot Hill Museum* auf dem alten Friedhof und der *Long Branch Saloon.*

TALLGRASS PRAIRIE (137 E3) (*⊞ P8*)
Südlich des alten Pionierorts Council Grove, rund zwei Stunden Fahrt westlich von Kansas City, steht in den *Flint Hills* ein

letztes Stück der ursprünglichen Prärie-vegetation unter Schutz. Gut 50 Millionen Hektar bedeckte die „Langgrassteppe" einst in den Prärien und bot Lebensraum für Millionen Bisons. Die Ranger der Tall-grass Prairie National Preserve bieten Führungen und Wildblumenwanderungen an. Info: *www.nps.gov/tapr*

OKLAHOMA CITY

(137 D5) (*𝕄 O–P10*) **Die Hauptstadt Oklahomas (1,4 Mio. Ew.) entstand am 22. April 1889: Damals wurde das Indi-anerterritorium zur Besiedlung freigege-ben, und binnen Stunden hatten 10 000 Siedler hier ihre Zelte aufgeschlagen.**

1928 stellte sich heraus, dass die durch Rinderzucht aufblühende Stadt buch-stäblich auf einem See aus Öl stand – noch heute arbeiten über 1000 Ölpum-pen im Stadtgebiet.

Zu den Sehenswürdigkeiten zählen das *National Cowboy Museum* mit heraus-ragender Westernkunst, das *Museum of Art* mit großartigen, riesigen Glasskulp-turen von Dale Chihuly und die *Myriad Gardens*. Auskunft: *Oklahoma Tourism Infor-mation Center (Capitol Building | NE 23rd/ Lincoln Blvd. | Tel. 1 800 6 52 65 52 | www. travelok.com)*

ZIEL IN DER UMGEBUNG

INDIANERLAND (137 E–F5) (*𝕄 Q10*) Bis heute leben zahlreiche Indianerstäm-me in Oklahoma. In *Tahlequah*, rund 200 km östlich von Oklahoma City, zeigt das **INSIDER TIPP** *Cherokee Heritage Cen-ter* die alte Lebensweise des Stamms. Nördlich von Oklahoma City leben Paw-nee- und Poncastämme, südwestlich Ko-mantschen, Kiowa und Apachen.

SAN ANTONIO

(142–143 C–D4) (*𝕄 O–P14*) **San An-tonio, die wohl schönste und belieb-teste Stadt in Texas, ist eine Metropole (2,2 Mio. Ew.) mit Flair, viel spanisch-mexikanischer Kultur, farbenfrohen Märkten, moderner Architektur und ei-ner liebevoll restaurierten Altstadt.**

Die Spanier bauten um 1720 die ersten Missionen, die Deutschen im 19. Jh. den King William District und die Amerikaner anlässlich der Weltausstellung 1968 die Hemisfair Plaza, ein Museums- und Kul-turzentrum. Die Flaniermeile ist der von Läden und Restaurants gesäumte ★ *Ri-verwalk* am Ufer des San Antonio River, auf dem Gondeln und Restaurantboote schwimmen.

SEHENSWERTES

THE ALAMO

Die Missionskirche von 1744 war 1836 Schauplatz einer berühmten Schlacht im texanischen Unabhängigkeitskrieg und gilt als Nationalheiligtum. Ausstel-lungen zur Geschichte des Staats. *Tgl. 9–17.30 Uhr | Eintritt frei | Alamo Plaza*

MCNAY ART MUSEUM

Meisterwerke der letzten 200 Jahre: Paul Cézanne, Vincent van Gogh, Edward Hop-per, Giorgia O'Keeffe. *Di–Fr 10–16, Do 10–21, Sa 10–17, So 12–17 Uhr | Eintritt 15 $ | 6000 N New Braunfels Av.*

MISSIONEN

Südlich der Innenstadt liegen entlang des *Mission Trail* vier weitere spanische Missionen aus dem 17. Jh., jede zum Schutz gegen die Indianer ausgebaut wie eine befestigte Stadt. Die schönste ist die *San Jose Mission (tgl. 9–17 Uhr | Eintritt frei).*

WITTE MUSEUM

Das beste Museum zur Naturgeschichte von Texas und zu prähistorischen Indianerkulturen. Nebenan steht ein kleineres Museum über die legendären Texas

ÜBERNACHTEN

EMILY MORGAN

Mitten im Zentrum. Von den Suiten haben Sie einen schönen Ausblick auf den Alamo Square. *177 Zi. | 705 E Houston Street | Tel. 1210 2 25 51 00 | www.emilymorganhotel.com | €€–€€€*

Eine Bootsfahrt entlang des Riverwalk von San Antonio führt mitten durch die Stadt

Rangers. *Mo–Sa 10–17, Di bis 20, So 12–17 Uhr | Eintritt 10 $ | 3801 Broadway*

ESSEN & TRINKEN

BOUDRO'S

Am Riverwalk. Diniert wird auf flachen Booten, die auf dem Rio in der Altstadt treiben. *421 E Commerce Street | Tel. 1210 2 24 84 84 | €€*

LA MARGARITA

Beliebtes mexikanisches Lokal am mexikanischen Markt. Probieren Sie hier auf jeden Fall die *fajitas! 120 Produce Row | Tel. 1210 2 27 71 40 | €*

AUSKUNFT

SAN ANTONIO VISITORS BUREAU

317 Alamo Plaza | Tel. 1210 2 07 67 00 | www.visitsanantonio.com

ZIEL IN DER UMGEBUNG

NEW BRAUNFELS (143 D3–4) (*P13*)

In den Hügeln 50 km nördlich von San Antonio siedelten im 19. Jh. vor allem deutsche Auswanderer. Orte wie New Braunfels mit deutschen Namen, Biergärten und Fachwerk belegen dies. Und alljährlich im November wird in New Braunfels ein großes Wurstfest gefeiert.

AUSFLÜGE & TOUREN

Die Touren sind im Reiseatlas, in der Faltkarte und auf dem hinteren Umschlag grün markiert

① HIGHWAY 1: DIE TRAUMSTRASSE AMERIKAS

Als schönste Panoramaroute der USA wird der Küstenhighway zwischen San Francisco und L. A. gern bezeichnet – und er macht seinem Namen alle Ehre. Vorüber an uralten Redwoodwäldern, bunten Strandorten und altspanischen Missionen schlängelt er sich an den Steilklippen des Pazifik entlang. 800 km kalifornische Traumkulissen, für die Sie sich 3–4 Tage Zeit lassen sollten. Beste Reisezeiten: April–Juni und September/Oktober, denn im Hochsommer liegt die Küste häufig im Nebel. Ein paar Tage in **San Francisco → S. 41** sind die richtige Einstimmung auf die Küstenroute, dann geht's los: Zuerst auf dem Highway 101 südwärts in das **Silicon Valley**, das legendäre Hightechzentrum Kaliforniens. In **Mountain View** nördlich von San Jose können Sie im neuen **Computer History Museum** *(Mi–So 10–17 Uhr | Eintritt 15 $ | US 101, Exit Shoreline Blvd. | www.computerhistory.org)* die Entwicklung der Mikrochips von alten Cray-Computern bis zur Geschichte der Schachrechner nachvollziehen. Von dort klettert die SR 9/236 über das Örtchen **Calistoga** hinauf in die **Coast Mountains**, wo im **Big Basin State Park** und im INSIDER TIPP **Henry Cowell State Park** über 2000 Jahre alte Redwoodbäume erhalten blieben, zwischen denen Lehrpfade hindurchführen.
Nächster Stopp: **Santa Cruz**, ein typisch kalifornisches Strandstädtchen mit vie-

Quer durch den Wilden Westen: faszinierende Steilküsten, tiefe Canyons und sprudelnde Geysire

len Studenten und Surfern, schönen Villen auf den Klippen und einem alten Leuchtturm mit kleinem **Surfermuseum** *(Mi–Mo 10–17 Uhr)*. Gut zum Baden und Surfen ist auch das nächste Städtchen nach Süden hin: **Capitola**, wo ein langer Pier über die weite sandige Bucht hinaus übers Wasser führt. Bei der Weiterfahrt auf dem Highway 1 säumen Artischockenfarmen und Dünen voller Mittagsblumen den Weg zur **Monterey Peninsula → S. 38**. Unbedingt sehenswert: das **Monterey Bay Aquarium** und das um-

brandete Kap der ☼ **Point Lobos State Reserve** mit kleinen Buchten, in denen Sie häufig Seeotter beobachten können. Nun folgt das schönste Stück des **Pacific Coast Highway 1 → S. 38**: Hoch über dem Meer kurvt er bei ☼ **Big Sur** an den Hängen der steil ins Meer fallenden **Santa Lucia Range** südwärts. Ein Tipp zur Kaffeepause mit grandiosem Blick über die Küste: das Restaurant ☼ ● **Nepenthe**, rechter Hand direkt am Steilabbruch. Danach immer neue Kurven, immer neue Aussichtspunkte entlang der kaum erschlossenen Küste. Erst bei **San Simeon**, wo im Hinterland das Schloss des Zeitungszaren Hearst liegt, wird das Ufer wieder flacher. Gute Gelegenheit zum Bummel an einer der Strandbuchten, in der oft `INSIDER TIPP` Kolonien der riesigen Seeelefanten zu beobachten sind.

Ein hoher Vulkanfelsen markiert bei **Morro Bay** das Ende des einsamen Küstenabschnitts. Dort und an den Stränden südlich von **San Luis Obispo** (hübsche Altstadt mit Missionskirche) herrscht Ferientrubel. In **Pismo Beach** darf man sogar mit dem Auto in die Sanddünen fahren. Auf der US 101 geht es weiter nach Süden: Vorüber am Touristenstädtchen **Solvang**, dem „dänischen Dorf Kaliforniens", und weiter zu den langen Surferstränden **Refugio** und **El Capitan**. Dort, am Fuß der **Santa Ynez Mountains**, liegt einer der schönsten Küstenorte des Golden State: **Santa Barbara → S. 38** mit spanisch-mediterraner Architektur und kalifornisch-legerem Flair. Nicht verpassen sollten Sie die schön gelegene **Mission Santa Barbara** (tgl. 9–17 Uhr | Eintritt 5 $ | Laguna/Los Olivos Street).

Die restliche Strecke bis **Los Angeles → S. 35** ist in drei Stunden zu schaffen: schnell über die Autobahn 101 oder aussichtsreich entlang der Küste über **Oxnard** und **Malibu** auf dem Highway 1.

2 DER SÜDWESTEN: CANYONS IM INDIANERLAND

Die ganze grandiose Vielfalt des steinernen Schluchtenlands steht auf dem Programm: Grand Canyon und Monument Valley, Indianerreservate und uralte Ruinenstädte. Startpunkt für die zweiwöchige Rundfahrt ist Las Vegas. Sie können aber auch gut in Phoenix oder Los Angeles beginnen. Beste Zeit für die 2800 km lange Tour: Mai–Oktober.

Nach durchspielter Nacht ist der Aufbruch von **Las Vegas → S. 62** vielleicht nicht einfach, doch die klare Wüstenluft und der erste Blick auf die roten Felswände des **Valley of Fire** etwas nördlich an der I-15 werden den Kopf bald frei machen. Wenig später folgt die Grenze zu Utah, das sich in **Saint George** gleich mit einem

Viel Platz für alle Strandvergnügen bieten 50 km lange Sandstrände bei Santa Barbara

großen Tempel *(Visitor Center)* als Mormonenstaat vorstellt. Von dort schlängelt sich die SR 9 weiter zum **Zion National Park → S. 69**. Zeit für einen ersten Pausentag mit Wanderungen. Durch die wild zerklüfteten Felsen auf dem grünen **Markagunt Plateau** geht es dann ostwärts zur US 89 und weiter zu einem der ganz großen Highlights: dem **Bryce Canyon → S. 59** mit seinen filigranen Steinskulpturen.

Der nächste Abschnitt auf der ☀ SR 12 zählt zu den schönsten Panoramarouten des Südwestens: zerklüftete Tafelberge, immer neue Canyons und Wüstentäler, wohin das Auge schaut. Fast 800 000 ha dieser wilden Naturlandschaft gehören zum jüngsten Schutzgebiet im Canyonland: dem 1996 von Präsident Clinton geschaffenen **Grand Staircase-Escalante National Monument**. Bester Startpunkt für Touren ins Hinterland des Parks, zu Fuß zu den **Calf Creek Falls** oder per Auto auf den Burr Trail in die einsamen Canyons im Süden, ist das Pionierörtchen **Escalante** (Unterkünfte, Tourveranstalter). Auf fast 3000 m Höhe klettert der Highway über den Boulder Mountain und führt dann hinab in den **Capitol Reef National Park**, der 1000 km^2 umfasst. An dem von dramatischen Sandsteinklippen überschatteten **Scenic Drive** beginnen zahlreiche Pfade für Tageswanderungen.

Nördlich von **Hanksville** dürfen Sie am Highway 24 einen Abstecher zu den lustigen Steinzwergen des INSIDER TIPP **Goblin Valley** nicht verpassen, und in **Green River** können Sie sich im **Powell River History Museum** *(im Sommer tgl. 8–19, sonst 9–17 Uhr | Eintritt 5 $ | 1765 E Main Street)* über die Entdecker auf dem Colorado River informieren. Es folgt ein kurzes Stück Autobahn I-70, bevor die US 191 nach Süden abzweigt: nach **Moab → S. 64**, das von der steinernen Wunderwelt des **Canyonlands National Park** und **Arches National Park → S. 64** umrahmt wird. Am besten beziehen Sie für einige Nächte Quartier und erkunden dann die Umgebung – zu Fuß, per Mountainbike oder auf einer Rafttour.

Die US 191 führt weiter nach **Monticello**, wo sich ein Abstecher zu den berühmten Ruinen von **Mesa Verde → S. 60** in Colorado anbietet. Zurück im Staat Utah, geht es dann über **Mexican Hat** weiter durch die rote Canyonwelt ins filmbekannte **Monument Valley → S. 65** im Navajo-Reservat. Steinige, öde Wüste bis zum Horizont – die Fahrt auf der US 160/SR 98 verläuft in Arizona durch die einsamsten Regionen des Navajo-Reservats. Doch auch dort wieder Zeugnisse der Vergangenheit: die Ruinen des **Navajo National Monument** (Lehrpfad). Dann bei **Page** ein verblüffender Kontrast: zwischen feuerroten Felsklippen die blauen Fluten des **Lake Powell → S. 61**. Lust auf eine Bootsfahrt in der Wüste?

Nächster Stopp: **Grand Canyon → S. 60**, die berühmteste Attraktion des Südwestens. Über das bewaldete Hochplateau am Südrand der Schlucht hält die US 180 weiter nach Süden auf die Vulkankegel von **Flagstaff → S. 60** zu, wo Sie sich eine Wanderung zu den indianischen Ruinen des **Walnut Canyon** nicht entgehen lassen sollten. Von Flagstaff schlängelt sich die US 89A durch den **Oak Creek Canyon** zum grandios gelegenen Erholungsort **Sedona** und klettert dann hinauf in die Berge zum alten Minenstädtchen **Jerome**. Malerisch verlottert klebt der Ort mit teils verfallenen Häusern an der Bergflanke über dem Verde Valley. Das **Jerome Mine Museum** *(tgl. 9.30–17 Uhr | Eintritt 2 $)*, das in der alten Villa eines Bergwerksbesitzers untergebracht ist, erzählt mit altem Gerät und einer großen Mineraliensammlung die Bergbaugeschichte des Orts. Es haben sich aber in den letzten Jahren auch viele Künstler und junge Leute hier niedergelassen – was den Bars in der Halbgeisterstadt wieder neues Leben brachte. Von Jerome wendet sich die Route wieder nach Norden und auf der I-40 dann nach Westen. Der letzte Teil der Reise bietet ein klassisches Stück amerikanische Highwaygeschichte: die legendäre **Route 66**, die von **Seligman** aus durch Wüstentäler und nostalgisch verkommene Orte wie **Peach Springs** nach **Kingman** führt. Von dort fahren Sie in zwei Stunden zurück nach **Las Vegas**, dem Ausgangspunkt der Tour.

3 ROCKY MOUNTAINS: WILDE BERGWELT UND SPRÜHENDE GEYSIRE

Der Yellowstone-Park, die Mormonenstadt Salt Lake City und die 4000er-Gipfel Colorados sind die Highlights dieser Tour. Am Weg liegen aber auch weniger bekannte Attraktionen: urige Westernstädte, Dinosaurierfriedhöfe und Indianerreservate. Zeitbedarf für die gut 3500 km lange Strecke: 3 Wochen. Beste Reisezeit: Ende Juni–September.

Startpunkt der Tour ist **Denver → S. 74**, dessen ausgezeichnete Museen zumindest einen Besichtigungstag verdienen. Von dort geht es im Vorland der Rockies zunächst nordwärts zur hübschen Universitätsstadt **Boulder** und dann nach **Estes Park**, dem Tor zum **Rocky Mountain National Park → S. 77**. In luftiger Höhe führt die US 34 über die kontinentale Wasserscheide und durch sattgrüne Ranchweiden im Tal von **Grand Lake** zurück nach Süden.

Ein erster Kontakt mit den Goldgrabertagen in Colorado erwartet Sie an der I-70 im Westernstädtchen **Georgetown** mit vielen viktorianischen Häusern aus der Boomzeit ab 1860: das **Hamill House**

etwa oder das **Hotel de Paris** von 1875. Vorbei an den Skigebieten von **Breckenridge** führt die Route dann zu der nostalgischen Bergwerksstadt **Leadville** mit zahlreichen historischen Gebäuden und Museen und durch menschenleere Hochgebirgsregionen über den 3687 m hohen **Independence Pass** nach Westen.

Über **Aspen → S. 71**, das mondäne Ferienstädtchen der Hollywoodstars, geht es in das alte Kurbad **Glenwood Springs**, auf dessen Friedhof der legendäre Revolverheld Doc Holliday begraben liegt – er starb hier an Tuberkulose. Weiter am Ufer des Colorado River nach **Grand Junction → S. 78**. Danach wird es wieder einsam: Gut 150 km verläuft der Highway 139 nordwärts durch menschenleere Steppe. Eine Kulisse wie geschaffen für die Funde des **INSIDER TIPP ▶ Dinosaur National Monument**, wo Sie Dinosaurierfossilien aus der Zeit vor 140 Mio. Jahren bewundern können. Durch die Schluchten der **Flaming Gorge** führt die Route nach Wyoming zum **Fort Bridger**, einem restaurierten Pelzhändlerposten aus dem Jahr 1842. Auf der I-80 geht es nun westwärts über die Uinta Mountains nach Utah. Vor der letzten Bergkette, ehe sich das Tal des Great Salt Lake öffnet, sollten Sie noch einen kurzen, südlichen Abstecher nach **Park City** unternehmen. Das historische Städtchen begann seine Geschichte mit einem Silberboom 1869 und hat sich in den letzten Jahrzehnten zum schicken Ski- und Ferienort gemausert.

Die Autobahn I-80 bringt Sie dann schnell bis **Salt Lake City → S. 78**, neben Denver die einzige Großstadt dieser Route. Nach einem Besichtigungstag an den historischen Stätten der Mormonen geht es auf der US 89 nach Norden. Schon am Highway 127 lohnt sich aber ein Abstecher: zu einem Badestopp auf **Antelope Island** (Sandstrand, Büffelgehege) im Great Salt Lake. Der 150 km lange See

Wie einst im Wilden Westen: Cowboy im ehemaligen Kavallerieposten Fort Laramie

ist zwar nicht ganz so versalzen wie das Tote Meer, aber bei 15 Prozent Salzgehalt schwimmt man auch schon oben. Bahnfans kommen etwas später in der alten Eisenbahnstadt **Ogden** auf ihre Kosten: In der renovierten Union Station, dem Bahnhof der Stadt, schildert ein **Modelleisenbahnmuseum** *(Mo–Sa 10–17 Uhr | Eintritt 5 $)* den Bahnbau im Wilden Westen. Rund 80 km westlich der Stadt liegt bei Promontory die **Golden Spike National Historical Site** *(tgl. 9–17 Uhr | Eintritt 4 $)*, wo am 10. Mai 1869 der letzte Nagel in die erste transkontinentale Bahnlinie geschlagen wurde.

Auf der US 89 geht es weiter zum beliebten Ferienstädtchen **Jackson → S. 78** und zum berühmtesten Highlight der Rockies: dem **Yellowstone National Park → S. 81**. Zwei volle Tage zum Wandern und Staunen sollten Sie für dieses Wunderland der Geysire auf jeden Fall einplanen. Durch das idyllische **Wapiti Valley** fahren Sie danach ostwärts zum Westernort **Cody → S. 73** und über die Bighorn

Mountains nach **Sheridan → S. 80**. Vorüber am legendären **Little Bighorn Battlefield → S. 80** führt die Route weiter ostwärts durch das Reservat der Northern Cheyenne. Sehenswert: die **Saint Labre Indian School** mit einer modernen Missionskirche.

Durch die einsamen Weiten Ostmontanas geht es weiter, bis nach einem halben Fahrtag kurz hinter der Grenze zu Wyoming der geheimnisvoll wirkende Vulkanstumpf des **Devil's Tower National Monument** in den Himmel ragt. Noch ein kurzes Stück Autobahn I-90, dann sind die **Black Hills → S. 85** in South Dakota erreicht. Nach einem Abstecher hinaus in die Prärie zum **Badlands National Park → S. 87** nehmen Sie den **Black Hills Parkway** (US 385) gen Süden zum berühmten **Mount Rushmore → S. 86**. Über den zum Museumsdorf restaurierten Kavallerieposten **Fort Laramie** und **Cheyenne → S. 73**, die Hauptstadt von Wyoming, endet die Rundfahrt wieder in **Denver**.

SPORT & AKTIVITÄTEN

Es ist sicher kein Zufall, dass die meisten Trendsportarten der letzten Jahrzehnte aus dem Westen Amerikas kommen – sei es Rollerblading oder Rafting, Snowboarding, Ziplining oder Basejumping, die sport- und fitnessverrückten Kids der Westcoast sind dabei.

Aber auch für traditionelle Aktivitäten bietet der Westen beste Bedingungen, für Golfen etwa oder Wandern, hier natürlich *hiking* genannt. Jedes größere Hotel hat einen eigenen Fitnessclub, Tennisplätze und oft sogar einen Golfplatz. *Rental shops* nahe den Nationalparks und in kleineren Städten vermieten Bikes und anderes Sportgerät. Organisierte Tagestouren sind meist kurzfristig vor Ort zu buchen. Mehrtägige Touren reservieren Sie besser vorab.

BASEJUMPING

Der Hit für alle Adrenalinjunkies: mit dem Fallschirm oder Paraglider statt aus dem Flugzeug von einer hohen Brücke oder einer Klippe springen – bekannt als Basejumpings. *Base* steht für die vier häufigsten Sprungorte: *building* (Wolkenkratzer), *antenna* (hohe Masten), *span* (Brücke) und *earth* (Klippen, Steilwände). Oft werden die *jumps* allerdings illegal wie etwa am (sehr beliebten) El-Capitan-Monolithen im Yosemite National Park ausgeführt. Doch von vielen Brücken, etwa in den Rocky Mountains, ist ein Sprung – wenn auch auf eigenes Risiko – durchaus legal. Infos: *www. basejumper.com, www.blincmagazine. com*

Ob Reiten, Golfen oder Surfen – Amerikas Westen ist ideal für den Aktivurlaub, großartige Landschaften inklusive

GOLFEN

Golfen ist Volkssport in Amerika, jedes Dorf hat einen eigenen Platz. Kalifornien und Arizona sind die bekanntesten Golfreviere, hier können Sie auch im Winter wunderbar zwischen Palmen und Kakteen abschlagen. Die Greenfees liegen auf berühmten Plätzen wie Pebble Beach bei mehr als 300 $, meist spielt man aber für 50–100 $ pro Runde. Infos auch unter: *www.golfguideweb.com, www.golf.com*

HIKING & TREKKING

Die besten Trails finden Sie in den *National* und *State Parks* sowie in den *National Forests*, denn hier werden die Wege von den Rangern gepflegt. Für Tagestouren besonders geeignet sind Yosemite, Bryce Canyon, Olympic, Glacier und der Rocky Mountain National Park. Schön zur Kakteenblüte im Frühjahr sind auch **INSIDER TIPP** Joshua Tree und Big Bend National Parks sowie Organ Pipe Cactus oder Chiricahua National Monument –

im Sommer ist es dort allerdings viel zu heiß zum Wandern. Für längere Touren können Sie in den Rockies Packpferde oder Lamas mieten, die dann Zelt und Ausrüstung tragen. Auskunft über Outfitters bei den Verkehrsämtern.

MOUNTAINBIKING

Trails der Feuerwehren in den *National Forests,* alte *mining roads* und halb vergessene Passstraßen zu Geisterstädten hoch in den Bergen – die Möglichkeiten zum Mountainbiking sind schier grenzenlos. Besonders schöne Bikereviere sind Mount Tamalpais bei San Francisco, wo das Mountainbiking erfunden wurde, die Canyonregion um Moab mit dem legendären Slickrock Trail und das fast 3000 m hoch gelegene Westernstädtchen Crested Butte in Colorado. Bikeshops zum Mieten von Rädern finden Sie in jedem Ferienort. Weitere Infos unter *www. mbaa.net, mountainbiketrailsusa.com.* Bikevermietung für Touren ins Felsenland um Sedona bei *Sedona Bike & Bean (75 Bell Rock Plaza | Sedona/Oak Creek | AZ | Tel. 1928 2 84 02 10 | www.bike-bean. com).* Ein- und mehrtägige Biketouren im Schluchtenlabyrinth um Moab, im Death Valley und anderen Regionen organisiert *Escape Adventures (391 S Main Street | Moab | UT | Tel. 1800 5 96 29 53 | www. escapeadventures.com).*

RAFTING

Was für die Pioniere oft lebensgefährlich war, ist heute ein spritziges Vergnügen – eine Schlauchbootfahrt auf einem ungezähmten Fluss. Die besten Raftingflüsse neben dem Colorado im Grand Canyon sind der Snake River (Idaho), der American River (Kalifornien), der Arkansas River (Colorado) und Yampa/Green Rivers (Utah). Eine breite Auswahl von Raftingtrips findet sich auf der Website *www.raftingamerica.com,* für die sich rund 15 Raftfirmen zusammengeschlossen haben. Gut für Canyonfahrten auf Green, Yampa und Colorado River: *Don Hatch River Expeditions (221 N 400 E | Vernal | UT | Tel. 1435 7 89 43 16 | www. donhatchrivertrips.com)*; Rafttouren auf dem Arkansas River: *Dvorak's Expeditions (Nathrop | CO | Tel. 1719 5 39 68 51 | www. dvorakexpeditions.com)*

REITEN

Trotz Highways und Autos – Pferde gibt's im Westen noch überall. Auf einfachen *trail rides* kann man auch ohne Vorkenntnisse für ein paar Stunden das Cowboyleben im Sattel erleben. Noch schöner ist ein Aufenthalt auf einer Gästeranch mit Rinderauftrieb und Lagerfeuerromantik. Auf mehrtägigen Packtrips können Sie in die Bergwelt im Hinterland vordringen *(150–250 $/Tag). Infos: www.duderanch. org, www.duderanches.com*

SURFEN

Keine andere Sportart verkörpert das Lebensgefühl des Westens so wie ein Ritt auf den Wellen. Die schönsten Surfstrände liegen im Süden Kaliforniens: Topanga State Beach, Huntington Beach, Las Tunas State Beach und Surfrider Beach. Bretter kann man sich dort in den Surfshops ausleihen. Das heißeste Ziel für Windsurfer: die Columbia Gorge in Oregon. Eine etablierte Schule fürs echte Wellenreiten in Südkalifornien ist die *Kahuna Bob's Surf School (Leucadia | Tel. 1760 7 21 77 00 | www.kahunabob.com).*

WELLNESS

Die Amerikaner haben den Wohlfühltrend zum Kult erhoben. Vor allem in Kalifornien, Arizona und Colorado hat jedes Resorthotel auch ein Spa, in dem mit heißen Steinen massiert, mit Seetang und Wüstenkräutern gewickelt oder mit Ayurveda und Yoga entspannt wird. Dazu sind die Hotelspas oft in sehenswertem Design in die Natur eingebettet, so etwa die vor großartiger Felskulisse gelegenen Spas des ● *Red Mountain Resort (Saint George | UT | www.redmountainresort. com)* und des *Enchantment Resort (Sedona | AZ | miiamo.com)* oder das in Weinberge eingebettete *Spa Solage (Calistoga | CA | www.solagecalistoga.com)* im Napa Valley. Weitere Spa-Infos: *www.spafinder.com*

WINTERSPORT

Jeder, der einmal den legendären Pulverschnee der Rockies getestet hat, ist begeistert. Die bekanntesten Skiresorts sind Aspen und Vail in Colorado sowie die Olympiastadt Park City in Utah. Daneben gibt es viele weitere, nicht weniger anspruchsvolle Pistenreviere: Amerikas ältesten Skiort etwa, Sun Valley (ID), renommierte Wintersportziele wie Jackson Hole (WY), Steamboat und Telluride (CO) oder Lake Tahoe und Mammoth (CA). Infos: *www.skiutah.com, www.coloradoski. com, www.californiasnow.org*. Ein Tipp für Naturliebhaber: Im Yellowstone National Park kann man **INSIDER TIPP** am Old-Faithful-Geysir in einer Winterlodge übernachten und Langlauftouren unternehmen.

ZIPLINING

Die Natur, die Wälder und die Canyons aus ungewöhnlichen Perspektiven erleben – und dazu kräftig Adrenalin verbrauchen: Das ist das Konzept der Ziplines. An manchmal mehrere hundert Meter langen Stahlseilen sausen Sie, sicher gehalten in einem Klettergurt, über Schluchten und rauschende Flüsse. Dafür werden hoch in den Baumwipfeln oder an Canyonrändern feste Plattformen gebaut, zwischen denen die Seile verlaufen. Die spektakuläre Natur im Westen Amerikas bietet dafür die perfekten Kulissen. Mittlerweile gibt es einige Dutzend dieser Ziplines etwa am Mount Hermon bei San Francisco oder im Bootleg Canyon bei Las Vegas,

Um die perfekte Welle zu surfen, braucht's ein Brett, Kraft und das richtige Timing

MIT KINDERN UNTERWEGS

Vergnügungsparks, spritzige Rafting-touren, spannende Experimente sowie indianische Powwows, Rodeos und Pa-raden – das Angebot für Kids ist riesig. Die Amerikaner reisen selbst viel mit der Familie. Entsprechend sind Kinderteller, Babysitter, Kinderautositze etc. vor Ort meist selbstverständlich.

BEAR COUNTRY USA (130 A4) (*B5*) *(L5)*
Ein Wildpark der besonderen Art: Man fährt mit dem eigenen Auto/Wohnmobil durch große Gehege mit Bären und anderen Tieren. *Im Sommer 8–18 Uhr | Eintritt 16 $, Kinder 10 $ | Highway 16 südl. von Rapid City | SD | www.bearcountryusa.com*

BENTS OLD FORT (136 A3) (*L9*)
Ein echtes Palisadenfort aus den Wild-westtagen, in dem Trapper, Scouts, Jäger und Händler leben. Kinder können nach Voranmeldung im Kids Quarter das Leben von damals mitmachen. *Im Sommer tgl. 8–17.30 Uhr | Eintritt 3 $, Kinder 2 $ | La Junta | CO | www.nps.gov/beol*

INSIDER TIPP CENTER FOR WOODEN BOATS (126 B2) (*C2*)
Ein Museum der anderen Art: Holzboote aus vielen Kulturen werden (mit Anleitung) für Ausflüge auf dem Lake Union vermietet. *Sommer Di–So 12.30–20 Uhr | ab 20 $/Std. | 1010 Valley Street | Seattle | WA | Tel. 1206 3 82 26 28 | www.cwb.org*

EXPLORATORIUM (132 B5) (*B9*)
Eines der besten Hands-on-Museen: Kinder dürfen alles anfassen, erleben eine Windhose und ein Erdbeben. Großartig! *Di–So 10–17 Uhr | Eintritt 25 $, Kinder 19 $ | Pier 15 | San Francisco | CA | www.exploratorium.edu*

KNOTT'S BERRY FARM (138 C5) (*D11*)
Wildweststadt, Wildwasserfahrt, mexikanisches Dorf und rasante Achterbahnen wie Pony Express und Montezooma's Revenge. Schön für die Kleinen: das *Camp Snoopy.* Eigener Wasserpark nebenan. *Im Sommer tgl. 10–22 Uhr | Eintritt 62 $, Kinder 33 $ | 8039 Beach Blvd. | Buena Park | CA | www.knotts.com*

INSIDER TIPP MAMMOTH SITE (130 A5) (*L5*)
Ein tolles Erlebnis für junge Paläontologen: Direkt neben der echten Ausgrabungsstätte von Mammutknochen dürfen die Kids unter Anleitung selber graben. *Im Sommer tgl. 8–20 Uhr | Eintritt 10 $, Kinder 8 $ | Hot Springs | SD |*

Wildwestforts und Dino-Skelette, Themenparks und Achterbahnen – Amerikas Westen wird alle Kids begeistern

Reservierung unter Tel. 1 605 7 45 60 17 | www.mammothsite.com

INSIDER TIPP **SALT RIVER RECREATION**
(140 A3) (*Ⓜ G12*)
Ein kühles und feuchtes Vergnügen in der Wüstenhitze: Auf alten Autoschläuchen treibt man auf dem Salt River stromabwärts. *Tgl. 8.30–18 Uhr | 17 $ pro Person, ab 8 Jahren | Bush Highway/Usery Pass Road | Phoenix/Mesa | AZ | www.saltrivertubing.com*

SILVERWOOD (127 E2) (*Ⓜ E–F3*)
Eine alte *mining town* als Vergnügungspark: Achterbahnen, Dampfloks und Countrymusik. *Im Sommer tgl. 11–21, Fr/Sa bis 22 Uhr | Eintritt 46 $, Kinder 23 $ | Highway 95 | Athol | ID | www.silverwoodthemepark.com*

SIX FLAGS OVER TEXAS
(143 D1) (*Ⓜ P12*)
Ein 0,8 km² großer Vergnügungspark nahe Dallas mit bis 130 km/h schnellen Achterbahnen und Wildwestdorf. *Sommer 10.30–22 Uhr | Eintritt 65 $, Kinder 50 $ | Arlington | TX | www.sixflags.com*

STRATOSPHERE TOWER
(139 E3) (*Ⓜ F10*)
Für ältere Kids die ultimative Mutprobe im Herzen von Las Vegas: *Big Shot*, *X-Scream* und *Insanity*, drei spektakuläre *rides* auf der Spitze eines 350 m hohen Hotelturms. Und für 110 $ darf man beim *SkyJump* sogar über die Kante des Turms springen. *Tgl. 10–1 Uhr nachts | Eintritt 18 $, Kinder 10 $, Fahrten je 15 $ | 2000 Las Vegas Blvd. S | Las Vegas | NV | www.stratospherehotel.com/tower*

INSIDER TIPP **THANKSGIVING POINT**
(134 B3) (*Ⓜ G7*)
Das *Museum of Ancient Life* birgt Dinosaurier und Mammute, dazu ein Pionierdorf mit Streichelfarm. *Mo–Sa 10–20 Uhr | Eintritt 15 $, Kinder 12 $ | I-15, Exit 284 | Lehi | UT | www.thanksgivingpoint.org*

EVENTS, FESTE & MEHR

Paraden und Picknicks gehören für die Amerikaner zu einem richtigen Festtag. Jeder Anlass wird gern genommen: Jahrestage aus der Pionierzeit, Wettbewerbe in teils skurrilen Disziplinen, Musiktage. In den heißen Südweststaaten wird vor allem im Winter gefeiert, weiter nördlich lieber im Sommer. Im *visitors bureau* erfahren Sie, wo am nächsten Wochenende ein Festival oder Rodeo stattfindet.

OFFIZIELLE FEIERTAGE

Staatliche Feiertage fallen in den USA meist auf einen Montag, so wird automatisch ein verlängertes Wochenende daraus.

An allen folgenden Tagen sind Banken, Postämter und viele Museen geschlossen:

1. Jan. Neujahr; **3. Montag im Jan.** *Martin Luther King Jr. Day;* **3. Montag im Feb.** *Presidents' Day;* **Letzter Montag im Mai** *Memorial Day* (Heldengedenktag); **4. Juli** *Independence Day;* **1. Montag im Sept.** *Labor Day* (Tag der Arbeit); **2. Montag im Okt.** *Columbus Day;* **11. Nov.** *Veterans' Day;* **4. Donnerstag im Nov.** *Thanksgiving Day* (Erntedankfest); **25. Dez.** *Christmas* (Weihnachten)

ANDERE FESTE

FEBRUAR
▶ *Chinese New Year* Knallerei und bunte Drachenparaden in den Chinatowns von San Francisco, Portland und Los Angeles

MAI
▶ *Cinco de Mayo* Der mexikanische Unabhängigkeitstag wird in vielen Grenzstädten von Texas bis Kalifornien mit Fiestas, Mariachibands und Paraden ausgelassen gefeiert.
Sacramento, CA: Jazz und Swing bietet das ▶ *Sacramento Music Festival.*
Houston, TX: Hunderte von großartig dekorierten und kreativ umgebauten Autos fahren bei der ▶ *Art Car Parade* durch die Innenstadt.

JUNI
Portland, OR: ▶ *Rose Festival* mit Blumenparaden, Musik und großem Feuerwerk
Oklahoma City, OK: Zum ▶ *Red Earth Festival* kommen Tänzer von über 100 Indianerstämmen.
San Francisco, CA: ▶ *Pride Weekend* der Schwulengemeinde mit großer Parade in schrillen Kostümen; ähnliche Events auch in anderen Großstädten

Rodeos, Pioniertage und Paraden, Bikertreffs und Musikfestivals: In Amerikas Westen feiert man viel und gern

JULI

▶ *Fourth of July:* Picknicks, Paraden und Feuerwerk zum Unabhängigkeitstag

Wyoming: Wildwest pur bei Trappertreffen wie dem ▶ INSIDER TIPP *Green River Rendezvous* mit Originalkostümen und stilechtem Trappercamp, *www.meetmeonthegreen.com*

Seattle, WA: Paraden, Flugshows und Straßenkünstler beim vierwöchigen Volksfest ▶ *Seafair*

Cheyenne, WY: ▶ ⭐ *Cheyenne Frontier Days*, das größte Outdoor-Rodeo und Westernfestival der Welt, Monatsende

AUGUST

Sturgis, SD: Hunderttausende Harleyfans treffen sich zur ▶ *Sturgis Rallye* in den Black Hills.

Santa Fe, NM: Mitte des Monats ▶ *Indian Market*, der älteste Markt für Indianerkunst in den USA

Billings, MT: Indianische Tänze, Rodeo und Jahrmarkt zum ▶ *Crow Fair* im Crowreservat

SEPTEMBER

Pendleton, OR: Zum originellen Rodeo, dem ▶ INSIDER TIPP *Pendleton Round-up*, kommen Profireiter und Westernfans von weither.

OKTOBER

Albuquerque, NM: Skurril geformte Ballons steigen zur ▶ *International Balloon Fiesta* in den Himmel.

Dallas, TX: ▶ *State Fair of Texas*, größter Jahrmarkt der USA mit Rodeo und Countrymusik

Tombstone, AZ: ▶ INSIDER TIPP *Helldorado Days* Pulverdampf und Westernparade

▶ *Halloween:* Die Kids ziehen verkleidet durch die Straßen, Kostümpartys.

DEZEMBER

Lichterketten und ▶ *Christmas Parades*; besonders schön: Santa Fe, Hollywood, Salt Lake City, Phoenix, die viktorianischen Orte der Rockies und die Häfen von Newport und Santa Barbara

LINKS, BLOGS, APPS & MORE

LINKS

▶ www.discoveramerica.com/de Auf der offiziellen Tourismus-Website der USA finden Sie viele Reisetipps und Videos zu den einzelnen Staaten und Aktivitäten. Schön: die interaktive Karte der USA mit vielen Detailinfos zu Städten und Parks

▶ www.visitseattle.org und www.visitidaho.org Die Fremdenverkehrsämter von Städten und Staaten bieten oft sehr gute Websites – dies sind nur zwei Beispiele – mit Videos, Blogs und mobilen Apps zum Download für Besucher. Ein Blick auf die Seite des jeweiligen *visitors bureau* lohnt sich für die Planung unbedingt

▶ www.wunderground.com Alles über das aktuelle und zukünftige Wetter in Amerika – auf Deutsch

▶ www.byways.org Das US-Verkehrsministerium sponsert diese Seite mit Routenvorschlägen zu besonders schönen Highways im ganzen Westen Amerikas. Viele Links zu Karten und einzelnen Routenabschnitten

▶ www.marcopolo.de/usa-west Interaktive Karte inklusive Planungsfunktion, Impressionen aus der Community, News und aktuelle Angebote

BLOGS & FOREN

▶ www.yelp.com Individuelle englischsprachige Bewertungen von örtlichen Mitgliedern für so ziemlich alles: Restaurants, Ärzte, Museen, Autowerkstätten, Hotels usw.

▶ www.portlandspoke.com Englische Blogseite für die sehr alternative und umweltbewusste Stadt Portland in Oregon. Oft mit guten Infos über Aktivtreffs der Einheimischen und Kunsthappenings

▶ www.laweekly.com , www.lasvegasweekly.com, etc. Stadtmagazine aus den Metropolen: Musik, Stars, Restaurants, regionale Politik. Zahlreiche englische Blogs zu Szene und Musik, aber auch zu Modetrends und Vernissagen

Egal, ob für Ihre Reisevorbereitung oder vor Ort: Diese Adressen bereichern Ihren Urlaub.

VIDEOS & STREAMS

▶ www.earthcam.com Große Auswahl von Live-Webcams aus vielen Städten – und von der Golden Gate Bridge

▶ losangeles.cbslocal.com Radio- und TV-Station aus Los Angeles mit News und aktuellen Videoclips. Gut im Bereich Entertainment. Das Pendant für San Francisco: www.ktvu.com

▶ video.nationalgeographic.com Auf der englischen Website der renommierten Zeitschrift gibt es unter der Rubrik Travel zahlreiche Videos über Nationalparks und die Tierwelt im Westen Amerikas

APPS

▶ Live Nation Tickets für Konzerttouren großer Stars und Hunderte von Clubs und Konzertbühnen in den Metropolen, aber auch in vielen kleinen Städten. Apps für iPhone und Android

▶ Open Table Sehr nützlich für Restaurantreservierungen vor allem in größeren Städten. Lokalreservierungen sind auch ganz kurzfristig möglich. Apps für iPhone, Android und Blackberry

▶ GateGuru iPhone und Android-App für Infos zu vielen Flughäfen der USA: Restaurants, Läden, kostenlose WLAN-Spots

▶ Marco Polo CityGuides San Francisco, L. A. oder Las Vegas ganz ohne Internetverbindung, Printführer und Stadtplan interaktiv entdecken

NETWORK

▶ www.usa-stammtisch.de Privates Forum auf Deutsch mit vielen Themen über die ganzen USA. Fotos, Tipps, Erfahrungen, Hilfe bei der Reiseplanung von anderen Community-Mitgliedern

▶ www.airbnb.de Buchungszentrale für Privatunterkünfte und *homestays* in vielen größeren Orten im Westen Amerikas. Die Preise liegen meist bei 30–80 $ pro Nacht

▶ www.9flats.com Etwas teurere, von privat vermietete Unterkünfte. Oft sehr gepflegte Häuser, Apartments etc. für Aufenthalte von mehreren Tagen/Wochen

PRAKTISCHE HINWEISE

ANREISE

✈ Nonstopflüge in den Westen der USA werden von Lufthansa/United Airlines angeboten (Flugzeit ca. 10–12 Std.). Die anderen amerikanischen Airlines bieten gute Umsteigeverbindungen über ihre Drehkreuze im Osten (je nach Saison 600–1400 Euro, viele Sondertarife). Vor der Landung müssen Sie die Formulare für Einreise *(immigration)* und Zoll *(customs)* ausfüllen. Wichtig: Bei Umsteigeflügen muss das Gepäck an der *baggage claim area* abgeholt, durch den Zoll gebracht und danach am *connecting baggage counter* für den Weiterflug abgeben werden.

Vom jeweiligen Flughafen in die City gibt es in Metropolen wie San Francisco und Seattle S-Bahnen. Ansonsten verkehren Taxis, Flughafenbusse und oft auch preisgünstige Sammeltaxis wie z. B. *SuperShuttle (www.supershuttle.com)*, die jedes gewünschte Ziel im Stadtgebiet anfahren. Den Mietwagen können Sie meist am oder nahe beim Flughafen übernehmen. Ein Wohnmobil sollten Sie erst am Tag nach der Ankunft anmieten, da die Einweisung einige Zeit dauert.

AUSKUNFT

Viele US-Bundesstaaten und -Großstädte unterhalten Infobüros in Europa, die auf Anfrage Material versenden. Die Adressen sowie allgemeine Reiseinfos finden Sie auf der Website des *Visit USA Committee Germany e. V (www.vusa.travel)*. Vor Ort helfen die staatlichen *Tourism Offices,* die *Visitors Centers* und – in den kleinen Orten – die *Chambers of Commerce* weiter. Meist findet man bereits an den Flughäfen oder an den Staatsgrenzen entlang der Autobahnen gut ausgestattete *Welcome Centers*.

GRÜN & FAIR REISEN

Auf Reisen können auch Sie viel bewirken. Behalten Sie nicht nur die CO_2-Bilanz für Hin- und Rückreise im Hinterkopf *(www.atmosfair.de; de.myclimate.org)* – etwa indem Sie Ihre Route umweltgerecht planen *(www.routerank.com)* – , sondern achten Sie auch Natur und Kultur im Reiseland *(www.gate-tourismus. de; www.ecotrans.de)*. Gerade als Tourist ist es wichtig, auf Aspekte wie Naturschutz *(www.nabu.de; www. wwf.de)*, regionale Produkte, wenig Autofahren, Wassersparen und vieles mehr zu achten. Wenn Sie mehr über ökologischen Tourismus erfahren wollen: europaweit *www.oete.de*; weltweit *www.germanwatch.org*

BUNDESSTAATEN

AZ – Arizona; CA – California; CO – Colorado; ID – Idaho; KS – Kansas; MT – Montana; Mt. – Mount; NM – New Mexico; NV – Nevada; OR – Oregon; SD – South Dakota; TX – Texas; UT – Utah; WA – Washington; WY – Wyoming

CAMPING & JUGENDHERBERGEN

Die schönsten Campingplätze liegen in den State Parks. Reservierungen für die Parks und National Forests der jeweiligen

Von Anreise bis Zoll

Urlaub von Anfang bis Ende: die wichtigsten Adressen und Informationen für Ihre USA-West-Reise

Staaten ermöglicht (gegen geringe Gebühr) die Website *www.reserveamerica.com*. Dazu haben auch die Einzelstaaten auf den Websites ihres Department of Parks gut Detailinfos, z. B. Kalifornien unter *www.parks.ca.gov*.

Übernachtungen in einem der *AYH Youth Hostels* sollten Sie im Voraus reservieren. Die Häuser liegen häufig an ausgesprochen malerischen Orten. Auch für Familien zu empfehlen. Verzeichnis im Buchhandel oder unter *www.hiusa.org*.

DIPLOMATISCHE VERTRETUNGEN

Konsulate und Honorarkonsulate gibt es in einer Vielzahl der größeren Städte, aufgeführt unter den jeweiligen Internetadressen der Konsulate.

GENERALKONSULAT DER BUNDESREPUBLIK DEUTSCHLAND
6222 Wilshire Blvd. | Suite 500 | Los Angeles CA 90 048 | Tel. 1 323 9 30 27 03 | www.germany.info/losangeles

ÖSTERREICHISCHES GENERALKONSULAT
11859 Wilshire Blvd. | Suite 501 | Los Angeles CA 90 025 | Tel. 1 310 4 44 93 10 | www.austria-la.org

SCHWEIZER GENERALKONSULAT
11766 Wilshire Blvd. | Suite 1400 | Los Angeles CA 90 025 | Tel. 1 310 5 75 11 45 | www.eda.admin.ch/losangeles

EINREISE

Für Deutsche, Österreicher und Schweizer genügt für einen Aufenthalt bis zu 90

WAS KOSTET WIE VIEL?

Kaffee	1,50 Euro für einen Becher im Coffeeshop
Bier	2,50–4,50 Euro für ein Glas in der Bar
Steakdinner	12–22 Euro für ein Steak mit Salat, Baked Potato und Mais
Eintritt	55–65 Euro in einen Vergnügungspark
Jeans	30–45 Euro für ein Paar Levi's
Benzin	2,90 Euro für eine Gallone (3,78 l) bleifrei

Tagen ein maschinenlesbarer Reisepass. Neu ausgestellte Kinderpässe erfordern zudem ein Visum – besser ist es, für Kinder einen regulären Pass zu beantragen. Wichtig: Vor Reisebeginn müssen Sie sich im Internet für die Einreise registrieren: *esta.cbp.dhs.gov/esta*. Dabei wird eine per Kreditkarte zu bezahlende Gebühr *(14 $)* fällig. Diese Registrierung gilt dann zwei Jahre lang für alle US-Reisen. Bei Umsteigeverbindungen müssen alle Zoll- und Passformalitäten am ersten Flughafen in den USA erledigt werden. Detaillierte Informationen zu Visa- und Einreisebestimmungen finden Sie auch unter *german.germany.usembassy.gov*.

GELD & KREDITKARTEN

US-Banken lösen zwar gegen Gebühr Reiseschecks ein, doch nur Großfilialen wechseln auch europäische Währungen. Die können Sie meist nur in den Wechselstuben der großen Flughäfen sowie (zu schlechtem Kurs) in manchen großen Hotels tauschen. Für die Reisekasse nehmen Sie eine Kreditkarte (Mastercard, Visa), mit der auch kleine Beträge an Tankstellen und in Läden zu bezahlen sind, und

WÄHRUNGSRECHNER

€	USD	USD	€
1	1,35	1	0,75
3	4,00	3	2,20
5	6,70	5	3,70
7	9,40	7	5,20
9	12,00	9	6,70
15	20,10	15	11,00
25	33,50	25	18,50
75	100,50	75	55,50
100	135,00	100	75,00

etwas US-Bargeld für die Ankunft. Weiteres Bargeld können Sie mit EC-Karte und Geheimzahl an vielen Bankautomaten ziehen. Reiseschecks in US-Dollar werden überall in Läden und Restaurants akzeptiert.

GESUNDHEIT

Die ärztliche Versorgung in den USA ist im Allgemeinen sehr gut – und sehr teuer. Schließen Sie daher unbedingt eine Auslandskrankenversicherung ab! Medikamente gibt es in der *pharmacy* und im *drugstore,* die teils rund um die Uhr geöffnet sind.
Je nach Art eines Notfalls fahren Sie bei schweren Fällen entweder zur Notaufnahme *(emergency room)* des nächsten Krankenhauses, fordern einen Notarzt *(paramedics)* an oder lassen sich bei leichten Fällen vom Hotelempfang die Adresse der nächsten Arztpraxis *(day clinic)* geben.

INLANDSFLÜGE

Am preiswertesten ist es meistens, Inlandsflüge bereits mit dem Transatlantikticket zu kombinieren, da manche Airlines dafür vergünstigte Tarife haben. Ebenfalls sehr günstig sind Inlandsflüge auch bei Regional- und Lowcost-Airlines wie *Jetblue, Alaska Airlines, Allegiant, Frontier* oder *Southwest Airlines,* die dann separat im Reisebüro oder über das Internet zu buchen sind.

INTERNET/WLAN

Amerikas Westen ist bestens vernetzt. Der Anschluss in Businesshotels kostet meist 8–15 $ pro Tag, oft steht aber ein kostenlos zu nutzender Computer in der Hotellobby. Für den eigenen Laptop finden Sie in vielen Hotels und Internetcafés WLAN *(WiFi, wireless network),* teils sogar kostenlos. Zum E-Mails-Checken gibt es Webcomputer in Coffeeshops oder Büroläden wie Kinko's für 2–3 $ pro 10–30 Minuten.

KLIMA & REISEZEIT

Entsprechend den gewaltigen Dimensionen des Lands herrschen in den USA ähnlich ausgeprägte Klimaunterschiede wie zwischen Nordafrika und Schweden. Die beste Reisezeit für die Rockies und den Nordwesten ist der Sommer – dann haben allerdings auch die Amerikaner Schulferien. In den wüstenhaften Südwesten, nach Kalifornien und Texas reisen Sie am besten im Frühjahr oder im Herbst. Da anders als in Europa eine Klimabarriere wie die Alpen in Nordamerika fehlt, sind die Winter in den Rocky Mountains und in den Prärien meist weitaus kälter und schneereicher als bei uns, aber auch viel trockener. Dafür sind die Sommer meist heißer – und im Süden von Texas auch recht schwül. Wichtig für Ihre Reiseplanung: An der Küste von Kalifornien herrscht im Hochsommer häufig Nebel.

MASSE & GEWICHTE

1 inch = 2,54 cm
1 foot = 30,48 cm
1 mile = 1,6 km
1 acre = 0,4 ha
1 gallon = 3,79 l
1 pound = 453,6 g

MIETWAGEN & VERKEHRSREGELN

Zur Automiete genügt der nationale Führerschein, selten wird der internationale Führerschein verlangt. Es ist meist preisgünstiger, den Wagen vorab im Reisebüro oder bei Mietagenturen wie *Sunny Cars (Tel. 089 8 29 93 39 00 | www. sunnycars.de)* zu buchen (Steuern, Versicherung inklusive). Auch sollten Sie das Auto möglichst am selben Ort wieder abgeben, da sonst hohe Rückführgebühren fällig werden.

Mietwagen sind vor allem in Kalifornien recht preisgünstig (ab 50 $/Tag, 250 $/ Woche, Kilometer inklusive). Das Mindestmietalter beträgt 21 bzw. 25 Jahre. Neben den großen Mietwagenfirmen gibt es preisgünstige Regionalfirmen, die für einen Stadtbesuch durchaus sinnvoll, aber für eine Rundfahrt nicht zu empfehlen sind.

Das Straßennetz ist gut ausgebaut, die Überlandstraßen sind nach einem Nummernsystem klassifiziert. Anschnallen ist auch in den USA Pflicht. Die Höchstgeschwindigkeit wird von den einzelnen Staaten festgesetzt: auf Landstraßen meist 55 mph (88 km/h), in Orten 25–35 mph (35–50 km/h), auf Autobahnen 65–75 mph (105–120 km/h).

Die Verkehrsregeln gleichen denen in Europa. Ausnahmen: An Ampeln darf man auch bei Rot nach rechts abbiegen, auf Autobahnen auch rechts überholen. Schulbusse mit blinkender Warnanlage dürfen dagegen überhaupt nicht passiert werden – auch nicht aus der Gegenrichtung. Außerdem gibt es sogenannte *3-way-* oder *4-way-stops,* Kreuzungen mit Stoppschildern, an denen jedes Fahrzeug halten muss. Wer zuerst an der Kreuzung gehalten hat, darf zuerst weiterfahren. Bei Pannen ruft man zuerst die Mietfirma an, die dann alles Weitere organisiert. Mitglieder von ADAC, TCS und ÖAMTC bekommen von der *AAA (American Automobile Association)* Pannenhilfe – aber nicht kostenlos.

Motels finden Sie unübersehbar an allen Ausfallstraßen

NOTRUF

Fast überall in den USA gilt die *Notrufnummer (9 11),* gebührenfrei von jedem Telefon anwählbar. Nur in manchen ländlichen Gegenden gibt es andere, am Münztelefon vermerkte Notrufe. Im Zweifelsfall wenden Sie sich an den *operator:* 0 wählen.

ÖFFENTLICHE VERKEHRSMITTEL

Die Routennetze der Greyhound-Überlandbusse und Amtrak-Züge sind für längere Sightseeingreisen zu weitmaschig, aber die größeren Orte lassen sich gut erreichen. Infos über die Netzkarten von Greyhound *(Discovery Pass)* und Amtrak *(USA Railpass/California Rail Pass)* in Reisebüros oder unter *deutsch.amtrak.com*.

ÖFFNUNGSZEITEN

Läden sind meist geöffnet: *Mo–Sa 9.30–18 Uhr*; Malls: *10–21 und So 12–17 Uhr*. Große *drugstores* und Lebensmittelsupermärkte sind auch abends und an Wochenenden offen, teilweise sogar rund um die Uhr. Museen meist: *Di–Sa 9–17 und So 13–17 Uhr*.

POST

Postämter haben Mo–Fr 9–17 Uhr geöffnet, größere auch Sa 9–12 Uhr. Das Porto für Luftpostbriefe und Postkarten nach Europa beträgt 1,15 $. Von Großstädten aus ist eine Karte etwa 4–6 Tage nach Europa unterwegs, sonst 3–4 Tage länger.

STEUERN

In den meisten Staaten wird auf alle Einkäufe eine Verkaufssteuer (4–7 Prozent) aufgeschlagen. Diese *sales tax* wird erst beim Kauf hinzugerechnet, ist also z. B. auf der Speisekarte oder auf dem Preis-

WETTER IN SAN FRANCISCO

	Jan.	Feb.	März	April	Mai	Juni	Juli	Aug.	Sept.	Okt.	Nov.	Dez.
Tagestemperaturen in °C	13	15	16	17	17	18	18	18	20	20	18	14
Nachttemperaturen in °C	7	8	9	10	11	12	12	12	13	12	10	8
Sonnenschein Stunden/Tag	5	7	8	9	10	11	9	8	9	8	6	5
Niederschlag Tage/Monat	8	8	7	6	2	1	0	0	0	2	7	8
Wassertemperaturen in °C	11	11	12	12	13	14	15	15	16	15	13	11

schild im Laden noch nicht berücksichtigt. Hotels veranschlagen eine Übernachtungssteuer von einigen Prozent.

STROM

Netzspannung: 110 Volt, 60 Hertz. Einen Steckdosenadapter für den (umschaltbaren!) Fön oder Rasierapparat sollten Sie mitbringen.

TELEFON & HANDY

Vorwahl nach Deutschland: 011–49, Österreich: 011–43, in die Schweiz: 011–41, dann die Ortsvorwahl ohne die erste Null und die Rufnummer wählen. Vorwahl in die USA: 001
Alle Telefonnummern in den USA sind 7-stellig, dazu kommt in vielen Großstädten und für Ferngespräche noch eine 3-stellige Vorwahl, der *area code.* Für alle Ferngespräche muss zusätzlich – wie bei allen Telefonnummern in diesem Buch angegeben – eine 1 vorab gewählt werden. Ortsgespräche wählt man ohne die 1, in ländlichen Regionen ist oft auch die Vorwahl nicht nötig.
Ortsgespräche vom öffentlichen Fernsprecher kosten 25–50 Cent, bei Ferngesprächen gibt nach dem Wählen eine Computerstimme die Gebühr an. Vorsicht: Im Hotel werden oft horrende Aufschläge berechnet. Preiswerter sind für Anrufe von öffentlichen Fernsprechern oder vom Hotel die an Kiosken erhältlichen *prepaid phone cards.*
Bei Telefonproblemen hilft der *operator* 0 weiter, er vermittelt auch R-Gespräche *(collect calls).* Über die in den USA gebührenfreien Nummern mit der Vorwahl 800, 866, 877 oder 888 reserviert man Hotels oder Mietwagen.
Triband- und Quadhandys aus Europa funktionieren auch in den USA, aber nur in dichter besiedelten Regionen und ge-

gen Aufpreis (bis 1,50 Euro/Min.). Für eine längere Reise können Sie vor Ort bei Netzbetreibern wie *AT&T* oder *t-mobile* auch eine amerikanische *Prepaid-Sim-Karte* kaufen.

TRINKGELD

In den Restaurantpreisen ist kein Bedienungsgeld enthalten. Kellner bekommen daher 15–20 Prozent Trinkgeld *(tip)* vom Endpreis. In Hotels rechnen die Gepäckträger *(bell boys)* mit mindestens 1 $ pro Gepäckstück. Und vergessen Sie das Zimmermädchen nicht!

ZEITZONEN

Westküste: *Pacific Standard Time,* mitteleuropäische Zeit (MEZ) –9 Std., Rocky Mountains, Südwesten: *Mountain Time,* MEZ –8 Std., Prärien: *Central Time,* MEZ –7 Std.
Vom zweiten Sonntag im März bis zum ersten Sonntag im November gilt die Sommerzeit mit einer Zeitverschiebung von plus einer Stunde.

ZOLL

Gegenstände für den persönlichen Gebrauch sind zollfrei. Pflanzen und frische Lebensmittel dürfen nicht eingeführt werden. Erlaubt sind pro Erwachsenen 200 Zigaretten oder 50 Zigarren oder 2 kg Tabak sowie 1,1 l Spirituosen und Geschenke in einem Wert von bis zu 400 Dollar.
In die EU zollfrei eingeführt werden dürfen: 1 l Spirituosen über 22 Prozent, 200 Zigaretten oder 100 Zigarillos oder 50 Zigarren oder 250 g Tabak, 50 g Parfüm oder 250 g Eau de Toilette und andere Artikel im Gesamtwert von 430 Euro. Ausführliche Informationen erhalten Sie unter *www.zoll.de.*

SPRACHFÜHRER ENGLISCH

AUSSPRACHE

Zur Erleichterung der Aussprache sind alle Begriffe und Wendungen mit einer einfachen Umschrift in eckigen Klammern versehen. Folgende Zeichen sind Sonderzeichen:

θ   wie [s], gesprochen nur mit der Zungenspitze zwischen den Zähnen
ə   nur angedeutetes „e" wie am Ende von „Bitte", immer ohne Betonung
'   Betonung liegt auf der folgenden Silbe

AUF EINEN BLICK

ja/nein/vielleicht	yes [jess]/no [nou]/maybe ['meybih]
bitte/danke	please [plihs]/thank you ['θänkju]
Entschuldige!	Sorry! [ssorri]
Entschuldigen Sie!	Excuse me, please! [iks'kjuhs mih, plihs]
Darf ich ...?	May I ...? [mey ai?]
Wie bitte?	Pardon? ['pahdn?]
Ich möchte .../	I'd like to ... [aid laik tu ...]/
Haben Sie ...?	Do you have ...? [dju häf ...]
Wie viel kostet ...?	How much is ...? ['hau matsch is ...]
Das gefällt mir/nicht.	I love it. [ai laf it]/I don't like it. [ai dount laik it]
gut/schlecht	good [gud]/bad [bäd]
kaputt/funktioniert nicht	broken/doesn't work [broukən/dasnt wöək]
(zu) viel/wenig	(too) much [(tuh) matsch]/(too) little [(tuh) litl]
Hilfe!/Achtung!/Vorsicht!	Help!/Watch out!/Caution! [hälp][watsch aut][kahschn]
Krankenwagen/Notarzt	ambulance ['ämbjulənz]/paramedics [pärə'mediks]
Polizei/Feuerwehr	police [po'lihs]/fire department [faiə depahtment]
Gefahr/gefährlich	danger ['deyndschə]/dangerous ['deyndschərəs]

BEGRÜSSUNG UND ABSCHIED

Gute(n) Morgen!/Tag!/ Abend!/Nacht!	Good morning! [gud 'moəning]/day! [dey]/ evening! ['ifning]/night! [nait]
Hallo!/Auf Wiedersehen!	Hi! [hai]/(Good) Bye! [(gud) bai]
Tschüss!	See you! [ssih juh]
Ich heiße ...	I'm ... [aim ...]/My name is ... [mai 'näims ...]
Wie heißt du/heißen Sie?	What's your name? [wots joə 'näim]
Ich komme aus ...	I'm from ... [aim from ...]

Do you speak American English?

„Sprichst du Englisch?" Dieser Sprachführer hilft Ihnen,
die wichtigsten Wörter und Sätze auf Englisch zu sagen

DATUMS- UND ZEITANGABEN

Montag/Dienstag	Monday ['mandey]/Tuesday ['tjuhsdey]
Mittwoch/Donnerstag	Wednesday ['wensdey]/Thursday ['θöəsdey]
Freitag/Samstag	Friday ['fraidey]/Saturday ['ssätədey]
Sonntag/Feiertag	Sunday ['ssandey]/holiday ['holidey]
heute/morgen/ gestern	today [tə'dey]/tomorrow [tə'morou]/ yesterday ['jestədey]
Stunde/Minute	hour ['auə]/minute ['minit]
Tag/Nacht/Woche	day [dey]/night [nait]/week [wihk]
Wie viel Uhr ist es?	What time is it? [wət 'taim is it]
Es ist drei Uhr.	It's three o'clock. [its ərih əklok]

UNTERWEGS

offen/geschlossen	open [oupən]/closed [klousd]
Eingang/Ausgang	entrance ['entrənts]/exit ['eksit]
Ankunft/Abflug	arrival [ə'raiwl]/departure [di'pahtschə]
Toiletten/Damen/Herren	restrooms ['restruhms]/ladies [leydihs]/men [men]
(kein) Trinkwasser	(no) drinking water [(nou) drinkin wohtə]
Wo ist ...?/Wo sind ...?	Where is ...? [weə is ...]/Where are ...? [weə ah ...]
links/rechts	left [läft]/right [rait]
geradeaus/zurück	straight ahead [sstreyt ə'hed]/back [bäk]
nah/weit	close [klous]/far [fah]
Taxi	Taxi [taksi]/cab [käb]
Bushaltestelle/Taxistand	bus stop [bass sstop]/cab stand [käb sständ]
Parkplatz/ Parkhaus	parking lot ['pahkin lot]/ parking garage ['pahkin ga'rahsch]
Stadtplan/Landkarte	city map ['ssiti mäp]/road map [roud mäp]
Bahnhof/Hafen	train station [treyn ssteyschn]/harbor ['hahbə]
Flughafen	airport ['eahpoət]
Fahrplan/Fahrschein	timetable [taimteybl]/ticket ['tiket]
Zuschlag	additional fare [ə'dischənəl fəah]
einfach/hin und zurück	one way [wan wey]/round trip [raund trip]
Ich möchte ... mieten.	I want to rent ... [ai wont tu rent ...]
ein Auto/ein Fahrrad	a car [ə kah]/a bike [ə baik]
ein Boot	a boat [ə bout]
ein Wohnmobil	a motorhome [ə 'moutəhoum]/ RV (recreational vehicle) [ar'wih]
Tankstelle	gas station [gäss ssteyschn]
Benzin/Diesel	gas [gäss]/diesel [dihsl]
Panne/Werkstatt	breakdown ['breykdaun]/repair shop [ri'peə schop]

ESSEN UND TRINKEN

Reservieren Sie uns bitte für heute Abend einen Tisch für vier Personen.	Would you please make a reservation for a table of four for tonight? [wud ju plihs meyk ə 'resəveyschən foa ə 'teybl əf 'foa foh tunait]
Die Speisekarte, bitte.	The menue, please. [ðe menju plihs]
Könnte ich ... haben?	Could I please have ...? [kud ai plihs häf ...]
Vegetarier(in)/Allergie	vegetarian [wedsche'tәrian]/allergy ['älədschi]
Ich möchte zahlen, bitte.	Could I have the check, please? [kud ai häf ðə tschek plihs]

EINKAUFEN

Wo finde ich ...?	Where would I find ...? ['weə wud ai 'faind ...]
Ich möchte .../ Ich suche ...	I'd like ... [aid laik ...]/ I'm looking for ... [aim luking foə ...]
Apotheke/Drogerie	pharmacy ['fahmәssi]/drugstore ['dragstoə]
Einkaufszentrum	shopping center ['schopping 'ssentə]
teuer/billig/Preis	expensive [iks'penssif]/cheap [tschihp]/price [praiss]
mehr/weniger	more [moə]/less [less]
aus biologischem Anbau	organically grown [or'gänikəli groun]

ÜBERNACHTEN

Ich habe ein Zimmer reserviert.	I've reserved a room. [aif ri'söəvd ə ruhm]
Haben Sie noch ein ...?	Do you still have a ...? [du ju sstil häf ə]
Einzelzimmer	single room [ssingl ruhm]
Doppelzimmer	room for two [ruhm foə tuh]
(Wohnmobil-)Stellplatz	stall [sstal]/space [sspeyss]
Frühstück/Halbpension	breakfast ['brekfəst]/European plan [juro'piən plän]
Vollpension	American plan [ə'märikan plän]/full board [ful boərd]
zum Meer/zum See	oceanfront [ouschnfrant]/lakefront [leykfrant]
Dusche/Bad	shower [schauə]/sit down bath [ssit daun bäə]
Balkon/Terrasse	balcony ['bälkoni]/terrasse ['terəss]
Schlüssel/Zimmerkarte	key [kih]/room access card [ruhm 'äksess kard]
Gepäck/Koffer/Tasche	luggage ['lagitsch]/suitcase ['ssuhtkeys]/bag [bäg]

BANKEN UND GELD

Bank/Geldautomat	bank [bänk]/ATM [ey ti em]
Geheimzahl	pin code [pin koud]
Ich möchte ... Euro wechseln.	I'd like to change ... Euro. [aid laik tə tscheynsch ... jurou]
bar/Kreditkarte	cash [käsch]/credit card [kredit kard]
Banknote/Münze	bill [bil]/coin [koin]

GESUNDHEIT

Arzt/Zahnarzt/ Kinderarzt	doctor ['doktə]/dentist ['dentist]/ pediatrician [pedia'trischən]
Krankenhaus/ Notfallpraxis	hospital ['hospitl]/ emergency clinic [i'mertschənsi 'klinik]
Fieber/Schmerzen	feaver [fihvə]/pain [peyn]
Durchfall/Übelkeit	diarrhea [daiə'ria]/sickness ['ssikness]
Sonnenbrand/-stich	sunburn ['ssanbörn]/sunstroke ['ssanstrouk]
Rezept	prescription [prəs'kripschən]
Schmerzmittel/Tablette	pain killer [peyn kilə]/pill [pill]

TELEKOMMUNIKATION & MEDIEN

Briefmarke/Brief	stamp [sstämp]/letter ['lettə]
Postkarte	postcard ['poustkahd]
Ich brauche eine Telefon- karte für Ferngespräche.	I need a phone card for long distance calls. [ai nihd ə foun kahd for long disstants kahls]
Ich suche eine Prepaid- Karte für mein Handy.	I'm looking for a prepaid-card for my cell phone. [aim luking foə a foun kahd foə mai ssell foun]
Wo finde ich einen Internetzugang?	Is there internet access here somewhere? [is əea 'internet 'äksess hiə 'ssamweə]
Brauche ich eine spezielle Vorwahl?	Do I need a special area code? [duh ai nihd a 'speschəl ärea koud]
Steckdose/Adapter/ Ladegerät	wall plug [wahl plag]/adapter [ə'däptə]/ charger [tschatschə]
Computer/Batterie/Akku/ WLAN	computer/battery/rechargable battery['bäteri] [re'tschahtschablə bäteri]/Wi-Fi ['waifai]

FREIZEIT, SPORT UND STRAND

Strand	beach [bihtsch]
Sonnenschirm/Liegestuhl	sun shade [ssan scheyd]/beach chair [bihtsch tscheə]
Fahrrad-/Mofa-Verleih	bike ['baik]/scooter rental ['skuhtə rentəl]
Vermietladen	rental shop [rentəl schop]
Übungsstunde	lesson ['lessən]

ZAHLEN

1/2	a/one half [ə/wan 'hahf]	200	two hundred ['tuh 'handrəd]
1/4	a/one quarter [ə/wan 'kwohtə]	1000	(one) thousand [('wan) əausənd]
10	ten [tän]	2000	two thousand ['tuh əausənd]
20	twenty ['twänti]	5000	five thousand [faiw əausənd]
100	(one) hundred [('wan) 'handrəd]	10 000	ten thousand ['tän əausənd]

EIGENE NOTIZEN

MARCO 🌐 POLO

Unser Urlaub

REISEATLAS

Die grüne Linie ▬▬▬ zeichnet den Verlauf der Ausflüge & Touren nach
Die blaue Linie ▬▬▬ zeichnet den Verlauf der Perfekten Route nach

Der Gesamtverlauf aller Touren ist auch in der
herausnehmbaren Faltkarte eingetragen

Bild: Kanuten am Fuß der Cascade Mountains

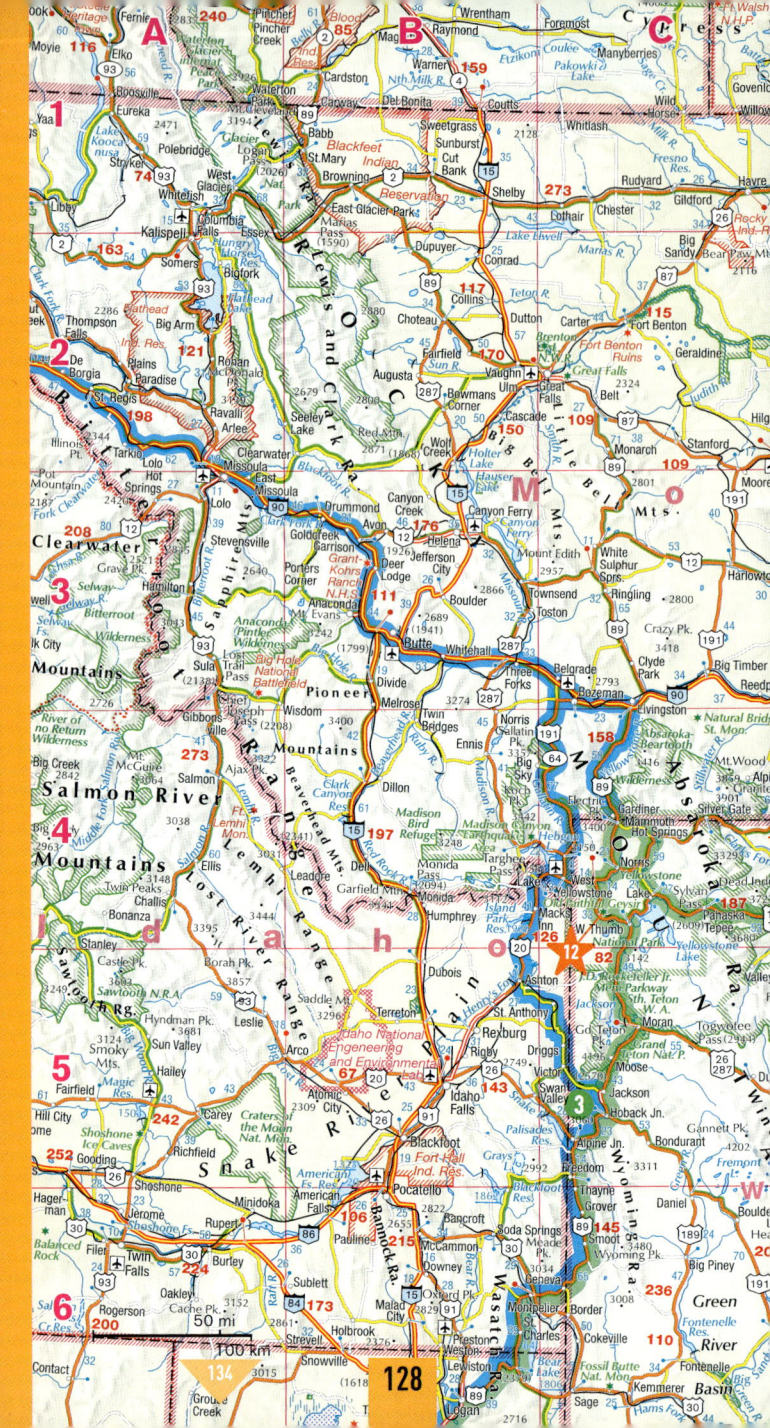

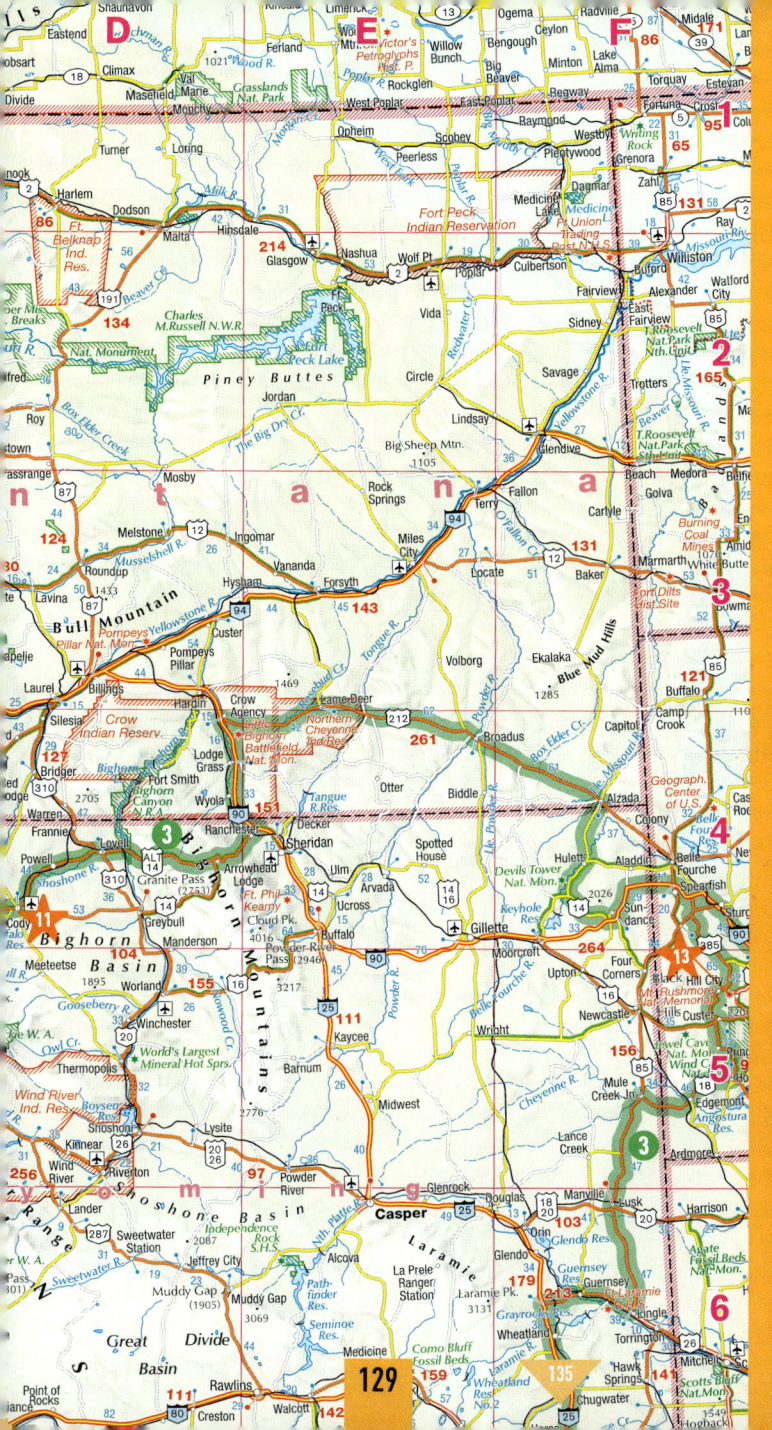

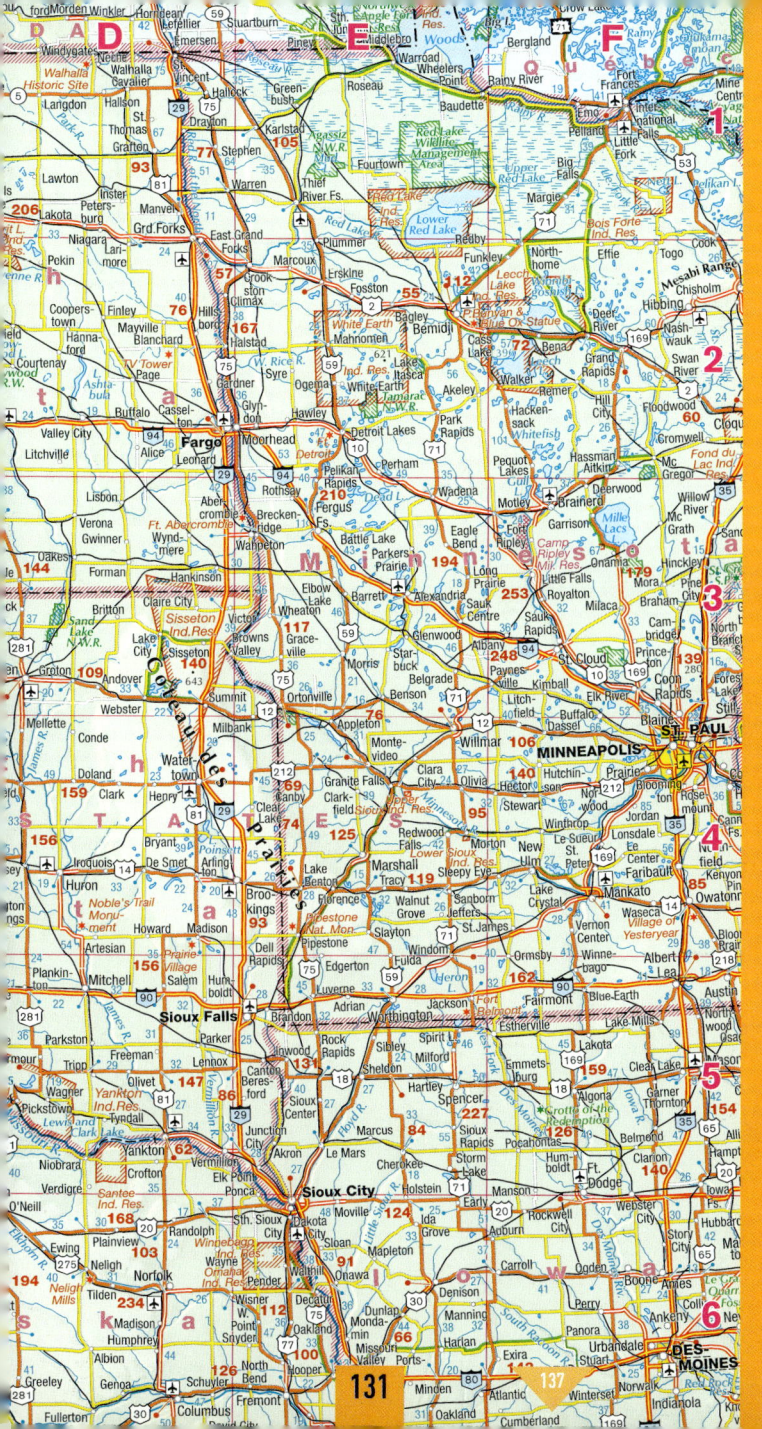

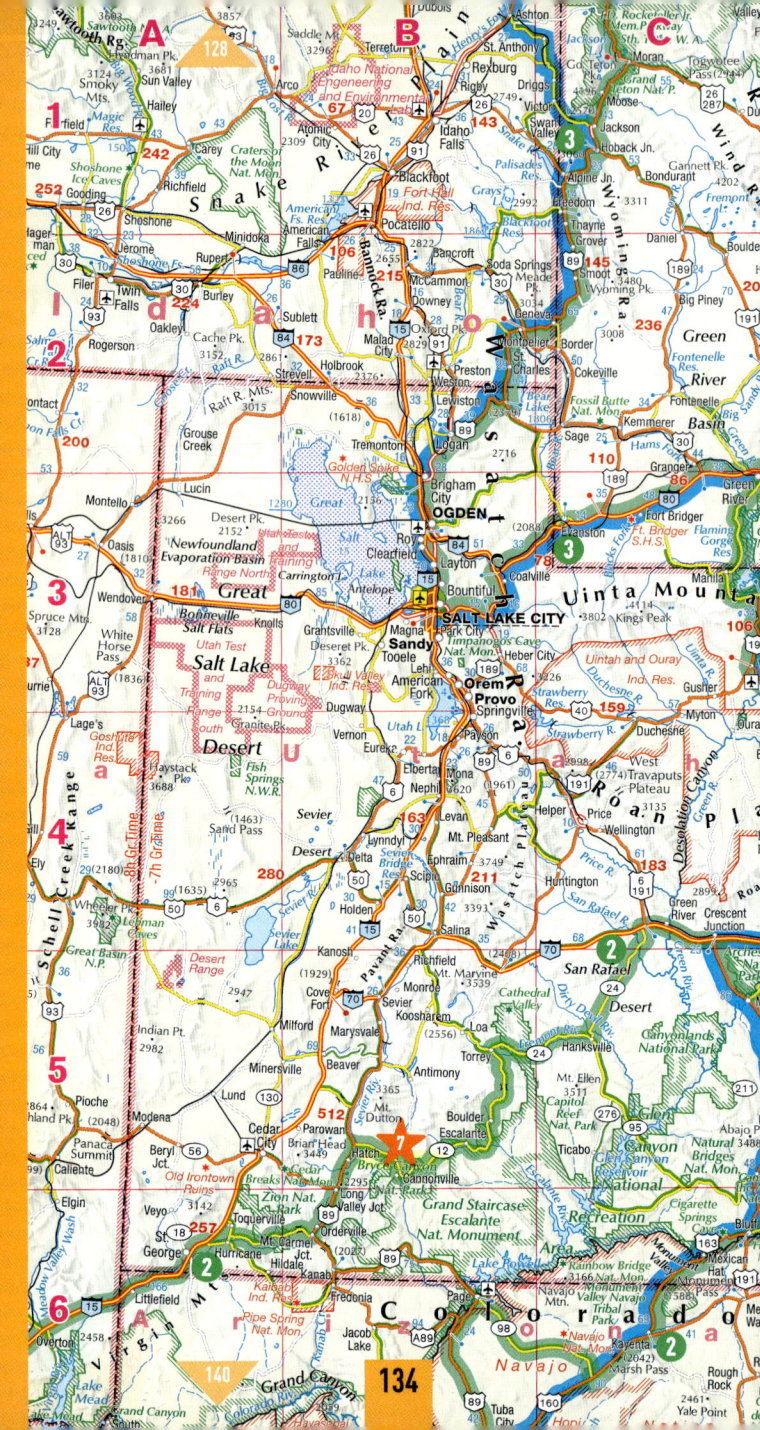

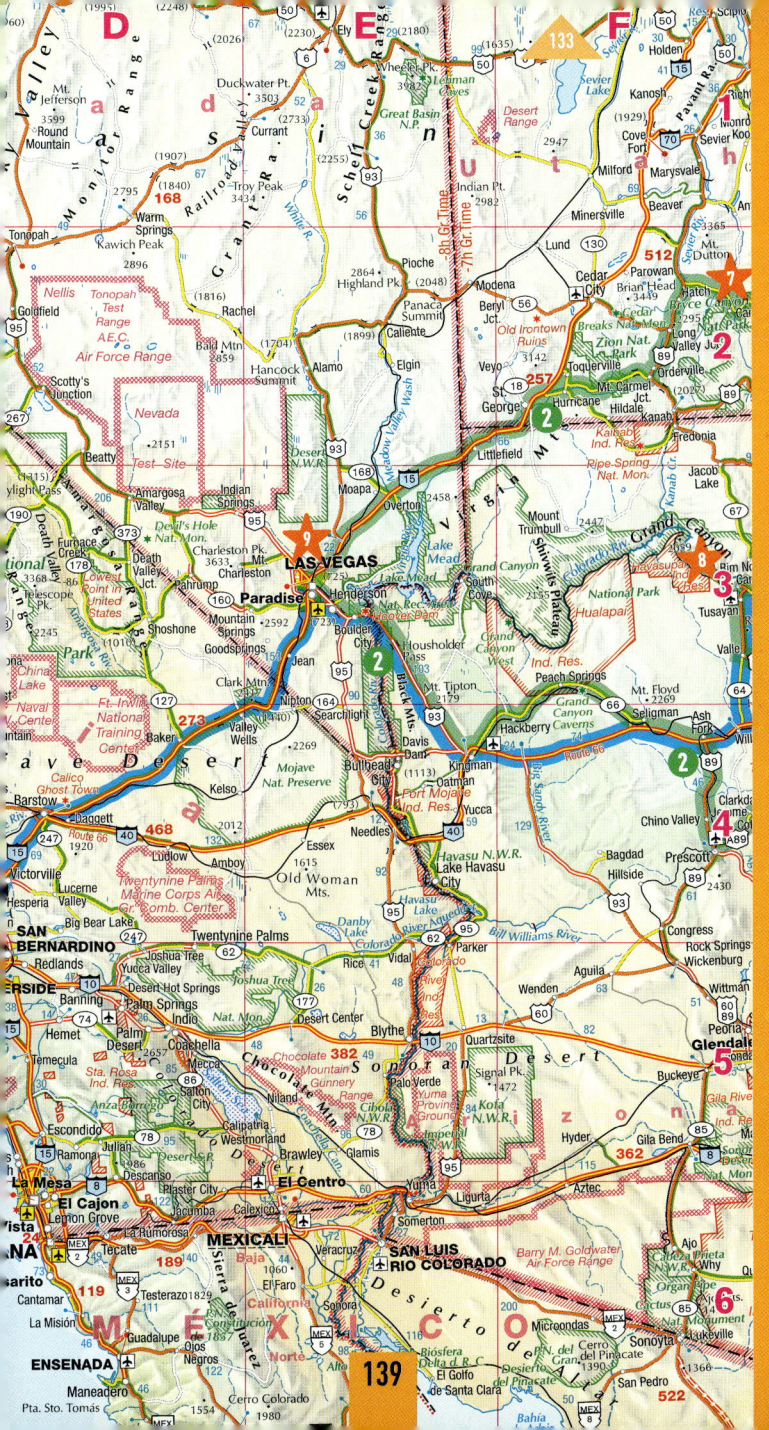

KARTENLEGENDE

German		Symbol		French / Spanish

Autobahn, mehrspurige Straße - in Bau
Highway, multilane divided road
- under construction

Autoroute, route à plusieurs voies
- en construction   Autopista, carretera
de más carriles - en construcción

Fernverkehrsstraße - in Bau
Trunk road - under construction

Route à grande circulation - en construction
Ruta de larga distancia - en construcción

Hauptstraße
Principal highway

Route principale
Carretera principal

Nebenstraße
Secondary road

Route secondaire
Carretera secundaria

Fahrweg, Piste
Practicable road, track

Chemin carrossable, piste
Camino vecinal, pista

Straßennummerierung
Road numbering

Numérotage des routes
Numeración de carreteras

Entfernungen in mi. (USA), in km (MEX)
Distances in mi. (USA), in km (MEX)

Distances en mi. (USA), en km (MEX)
Distancias en mi. (USA), en km (MEX)

Höhe in Meter - Pass
Height in meters - Pass

Altitude en mètres - Col
Altura en metros - Puerto de montaña

Eisenbahn
Railway

Chemin-de-fer
Ferrocarril

Autofähre - Schifffahrtslinie
Car ferry - Shipping route

Bac autos - Ligne maritime
Transportador de automóviles - Ferrocarriles

Wichtiger internationaler Flughafen - Flughafen
Major international airport - Airport

Aéroport important international - Aéroport
Aeropuerto importante internacional - Aeropuerto

Internationale Grenze - Bundesstaatengrenze
International boundary - federal boundary

Frontière nationale - Frontière fédérale
Frontera nacional - Frontera federal

Unbestimmte Grenze
Undefined boundary

Frontière d'État non définie
Frontera indeterminada

Zeitzonengrenze
Time zone boundary

-4h Greenwich Time
-3h Greenwich Time

Limite de fuseau horaire
Límite del huso horario

Hauptstadt eines souveränen Staates
National capital

WASHINGTON

Capitale nationale
Capital de un estado soberano

Hauptstadt eines Bundesstaates
State capital

SACRAMENTO

Capitale d'un état fédéral
Capital de estado

Sperrgebiet
Restricted area

Zone interdite
Zona prohibida

Indianerreservat - Nationalpark
Indian reservation - National park

Réserve d'indiens - Parc national
Reserva de indios - Parque nacional

Sehenswertes Kulturdenkmal
Interesting cultural monument

Disneyland

Monument culturel intéressant
Monumento cultural de interés

Sehenswertes Naturdenkmal
Interesting natural monument

Gaviota Beach

Monument naturel intéressant
Monumento natural de interés

Brunnen, Salzsee
Well, Salt lake

Puits, Lac salé
Pozo, Lago salado

Ausflüge & Touren
Trips & Tours

Excursions & tours
Excursions & rutas

Perfekte Route
Perfect route

Itinéraire idéal
Ruta perfecta

MARCO POLO Highlight

MARCO POLO Highlight

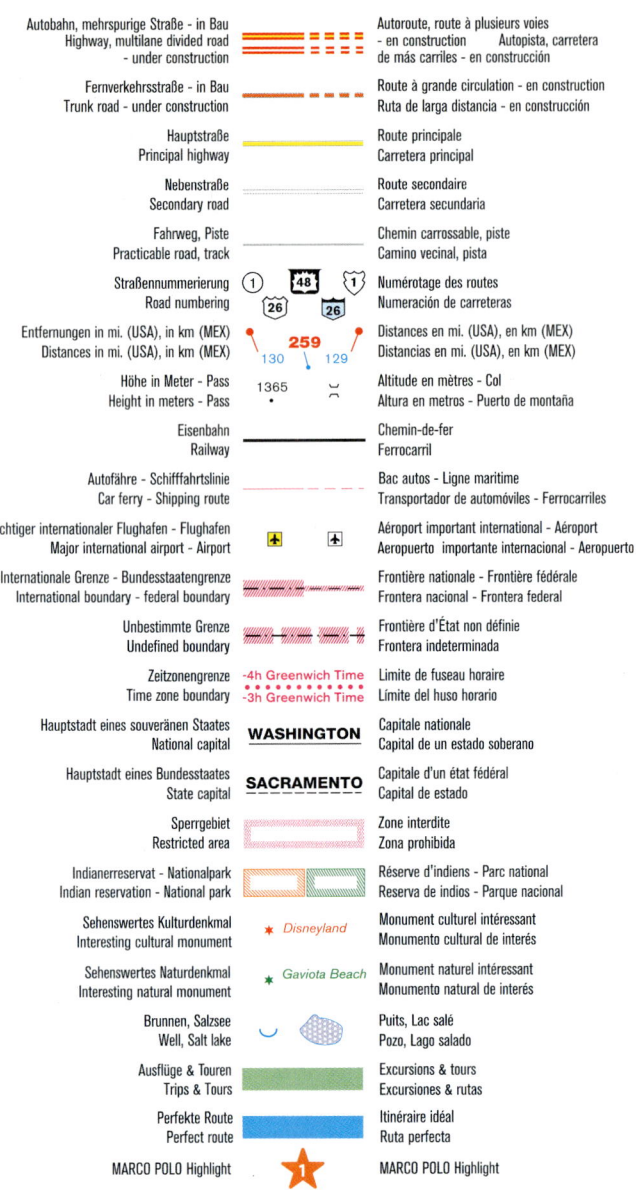

ALLE **MARCO POLO** REISEFÜHRER

DEUTSCHLAND

Allgäu
Bayerischer Wald
Berlin
Bodensee
Chiemgau/
   Berchtesgadener
   Land
Dresden/
   Sächsische
   Schweiz
Düsseldorf
Eifel
Erzgebirge/
   Vogtland
Föhr/Amrum
Franken
Frankfurt
Hamburg
Harz
Heidelberg
Köln
Lausitz/
   Spreewald/
   Zittauer Gebirge
Leipzig
Lüneburger Heide/
   Wendland
Mecklenburgische
   Seenplatte
Mosel
München
Nordseeküste
   Schleswig-
   Holstein
Oberbayern
Ostfriesische Inseln
Ostfriesland/
   Nordseeküste
   Niedersachsen/
   Helgoland
Ostseeküste
   Mecklenburg-
   Vorpommern
Ostseeküste
   Schleswig-
   Holstein
Pfalz
Potsdam
Rheingau/
   Wiesbaden
Rügen/Hiddensee/
   Stralsund
Ruhrgebiet
Sauerland
Schwarzwald
Stuttgart
Sylt
Thüringen
Usedom
Weimar

ÖSTERREICH
SCHWEIZ

Berner Oberland/
   Bern
Kärnten
Österreich
Salzburger Land
Schweiz

Steiermark
Tessin
Tirol
Wien
Zürich

FRANKREICH

Bretagne
Burgund
Côte d'Azur/
   Monaco
Elsass
Frankreich
Französische
   Atlantikküste
Korsika
Languedoc-
   Roussillon
Loire-Tal
Nizza/Antibes/
   Cannes/Monaco
Normandie
Paris
Provence

ITALIEN
MALTA

Apulien
Dolomiten
Elba/Toskanischer
   Archipel
Emilia-Romagna
Florenz
Gardasee
Golf von Neapel
Ischia
Italien
Italienische Adria
Italien Nord
Italien Süd
Kalabrien
Ligurien/Cinque
   Terre
Mailand/
   Lombardei
Malta/Gozo
Oberital. Seen
Piemont/Turin
Rom
Sardinien
Sizilien/Liparische
   Inseln
Südtirol
Toskana
Umbrien
Venedig
Venetien/Friaul

SPANIEN
PORTUGAL

Algarve
Andalusien
Barcelona
Baskenland/
   Bilbao
Costa Blanca
Costa Brava
Costa del Sol/
   Granada

Fuerteventura
Gran Canaria
Ibiza/Formentera
Jakobsweg/
   Spanien
La Gomera/
   El Hierro
Lanzarote
La Palma
Lissabon
Madeira
Madrid
Mallorca
Menorca
Portugal
Spanien
Teneriffa

NORDEUROPA

Bornholm
Dänemark
Finnland
Island
Kopenhagen
Norwegen
Oslo
Schweden
Stockholm
Südschweden

WESTEUROPA
BENELUX

Amsterdam
Brüssel
Cornwall und
   Südengland
Dublin
Edinburgh
England
Flandern
Irland
Kanalinseln
London
Luxemburg
Niederlande
Niederländische
   Küste
Schottland

OSTEUROPA

Baltikum
Budapest
Danzig
Krakau
Masurische Seen
Moskau
Plattensee
Polen
Polnische
   Ostseeküste/
   Danzig
Prag
Slowakei
St. Petersburg
Tallinn
Tschechien
Ukraine
Ungarn
Warschau

SÜDOSTEUROPA

Bulgarien
Bulgarische
   Schwarzmeer-
   küste
Kroatische Küste/
   Dalmatien
Kroatische Küste/
   Istrien/Kvarner
Montenegro
Rumänien
Slowenien

GRIECHENLAND
TÜRKEI
ZYPERN

Athen
Chalkidiki/
   Thessaloniki
Griechenland
   Festland
Griechische Inseln/
   Ägäis
Istanbul
Korfu
Kos
Kreta
Peloponnes
Rhodos
Samos
Santorin
Türkei
Türkische Südküste
Türkische Westküste
Zákinthos/Itháki/
   Kefalloniá/Léfkas
Zypern

NORDAMERIKA

Alaska
Chicago und
   die Großen Seen
Florida
Hawai´i
Kalifornien
Kanada
Kanada Ost
Kanada West
Las Vegas
Los Angeles
New York
San Francisco
USA
USA Ost
USA Südstaaten/
   New Orleans
USA Südwest
USA West
Washington D.C.

MITTEL- UND
SÜDAMERIKA

Argentinien
Brasilien
Chile
Costa Rica
Dominikanische
   Republik

Jamaika
Karibik/
   Große Antillen
Karibik/
   Kleine Antillen
Kuba
Mexiko
Peru/Bolivien
Venezuela
Yucatán

AFRIKA UND
VORDERER
ORIENT

Ägypten
Djerba/
   Südtunesien
Dubai
Israel
Jordanien
Kapstadt/
   Wine Lands/
   Garden Route
Kapverdische
   Inseln
Kenia
Marokko
Namibia
Rotes Meer/Sinai
Südafrika
Tansania/
   Sansibar
Tunesien
Vereinigte
   Arabische
   Emirate

ASIEN

Bali/Lombok/Gilis
Bangkok
China
Hongkong/Macau
Indien
Indien/Der Süden
Japan
Kambodscha
Ko Samui/
   Ko Phangan
Krabi/Ko Phi Phi/
   Ko Lanta
Malaysia
Nepal
Peking
Philippinen
Phuket
Shanghai
Singapur
Sri Lanka
Thailand
Tokio
Vietnam

INDISCHER OZEAN
UND PAZIFIK

Australien
Malediven
Mauritius
Neuseeland
Seychellen

REGISTER

In diesem Register sind alle in diesem Führer erwähnten Städte und Ausflugsziele verzeichnet. Gefettete Seitenzahlen verweisen auf den Haupteintrag.

SCHREIBEN SIE UNS!

Egal, was Ihnen Tolles im Urlaub begegnet oder Ihnen auf der Seele brennt, lassen Sie es uns wissen! Ob Lob, Kritik oder Ihr ganz persönlicher Tipp – die MARCO POLO Redaktion freut sich auf Ihre Infos.

Wir setzen alles dran, Ihnen möglichst aktuelle Informationen mit auf die Reise zu geben. Dennoch schleichen sich manchmal Fehler ein – trotz gründlicher Recherche unserer Autoren/innen. Sie haben sicherlich Verständnis, dass der Verlag dafür keine Haftung übernehmen kann.

MARCO POLO Redaktion
MAIRDUMONT
Postfach 31 51
73751 Ostfildern
info@marcopolo.de

IMPRESSUM

Titelbild: Nationalflagge Monument Valley (Getty Images/Vetta:Bercic)

Fotos: DuMont Bildarchiv: argus/Frischmuth (106/107); DuMont Bildarchiv: Frischmuth (29, 46/47, 55, 107), Hackenberg (6, 58), Leue (27, 89, 91, 92, 95, 101, 108/109), Piepenburg (26 l.); R. Gerth (Klappe l.); Getty Images/Vetta: Bercic (1 o.), Huber: Damm (52/53), Giovanni Simeone (2 M. u., 3 M., 32/33, 96/97), Huber (10/11), Lawrence (2 u., 44/45), Ripani (102/103, 109); © iStockphoto.com: Gabriel Nardelli (16 M.), kzenon (16 o.); La Terra Magica: Lenz (20, 23, 39, 40), Vollmer (115); Laif: Artz (98), Emmler (3 u.), Heeb (3 o., 8, 24/25, 28, 56/57, 68, 70/71, 72, 124/125), Jonkmanns (74/75), Modrow (12/13); Look: age footstock (30 l., 61, 79, 81, 82/83, 84), H. & D. Zielske (63), Heeb (36), Stankiewicz (34); mauritius images/imagebroker: Moxter (51); mauritius images: age (7, 67, 110 o., 111), Alamy (2 o., 2 M. o., 4, 5, 9, 18/19, 26 r., 30r., 48, 64, 76, 105, 106, 108, 110 u.), foodcollection (16 u.), Kaiser (86), Kinne (Klappe r.); Okapia: Reinhard (15); T. Siegmann (42); P. Spierenburg (28/29); The Presidio Motel (17 o.); K. Teuschl (1 u.); Urban Assault (17 u.); E. Wrba (37)

10., überarbeitete Auflage 2015
© MAIRDUMONT GmbH & Co. KG, Ostfildern
Chefredaktion: Marion Zorn
Autor: Karl Teuschl
Redaktion: Marlis v. Hessert-Fraatz
Verlagsredaktion: Ann-Katrin Kutzner, Nikolai Michaelis, Kristin Schimpf, Martin Silbermann
Prozessmanagement Redaktion: Verena Weinkauf
Bildredaktion: Gabriele Forst
Im Trend: wunder media, München
Kartografie Reiseatlas: © MAIRDUMONT, Ostfildern; Kartografie Faltkarte: © MAIRDUMONT, Ostfildern
Innengestaltung: milchhof:atelier, Berlin; Titel, S. 1, Titel Faltkarte: factor product münchen
Sprachführer: in Zusammenarbeit mit Ernst Klett Sprachen GmbH, Stuttgart, Redaktion PONS Wörterbücher

MIX
Paper from responsible sources
FSC® C011918
www.fsc.org

BLOSS NICHT 👆

Zu guter Letzt einige Dinge, die Sie meiden sollten

HÄNDE SCHÜTTELN

Hi, how are you? Nice to meet you. Das sagt Ihnen einer zur Begrüßung, Sie freuen sich, strecken die Hand aus – und greifen ins Leere. Politiker schütteln sich die Hand, Vertragspartner und alte Freunde. Leute, die einander flüchtig kennenlernen, nicht. Es reicht völlig, seinen (Vor-)Namen zu nennen und *I'm doing fine* oder *my pleasure* zu murmeln.

DEN HELDEN SPIELEN

„Geld oder Leben!" – so lautet die alte Aufforderung, und sie gilt noch heute bei den zum Glück seltenen Überfällen. Sollte es einmal passieren: Leisten Sie auf keinen Fall Widerstand! Diejenigen, die Sie bedrohen, sind oft geübte Kämpfer, die auch vor Gewalttaten häufig nicht zurückschrecken. Geben Sie deshalb schnell Ihr Bargeld heraus. Und als Vorsichtsmaßnahme: Nehmen Sie wenig Bargeld mit, und zeigen Sie das, was Sie bei sich tragen, nicht.

BIER IM AUTO TRINKEN

Die Versuchung ist groß, auf dem einsamen Highway durch die Berge oder die Wüste ein kühles Bud zu zischen. Tun Sie's nicht! Alkohol im Auto ist strikt verboten. Schon eine angebrochene Whiskyflasche auf dem Rücksitz kann bei einer zufälligen Kontrolle zur Anzeige führen. Alle geöffneten Flaschen müssen in den Kofferraum. Außerdem zahlt die Versicherung bei einem Unfall nicht, wenn Sie auch nur ein Quäntchen Alkohol intus haben.

RAUCHEN

Kalifornien hat die Antiraucherbewegung erfunden, die übrigen Staaten folgten. Nirgendwo in öffentlichen Gebäuden, Restaurants, ja sogar Bars wird mehr geraucht.

DEN PASS IM HOTEL LASSEN

Nicht weil er dort geklaut würde, sondern weil es immer wieder Gelegenheiten gibt, bei denen man das Dokument braucht: Mal fragt die Dame an der Kasse beim Einlösen von Reiseschecks nach der „ID", mal der Barmann in der Kneipe, mal der Tankwart beim Kauf von Zigaretten oder Alkohol. Ohne „ID", Identifikation, geht nichts.

NACHTS IM STADTPARK SPAZIEREN GEHEN

So verlockend Amerikas Stadtparks sein mögen, nach Einbruch der Dunkelheit sind sie keineswegs mehr einladend. Denn in amerikanischen Großstädten ist die Zahl der Verbrechen vergleichsweise hoch. Jugendbanden und bewaffnete Irre streifen umher. Der schöne Abendspaziergang – hier sollte er unterbleiben!

WITZE REISSEN

Und zwar an Flughäfen. Weder beim Security-Check noch bei der Grenzkontrolle schätzen die Beamten jedwede Sprüche über Terroristen oder versteckte Stinkbomben in den Socken. Im Sicherheitsbereich sind solche Witze sogar strafbar.